口才三绝

会赞美 会幽默 会拒绝

路天章　编著

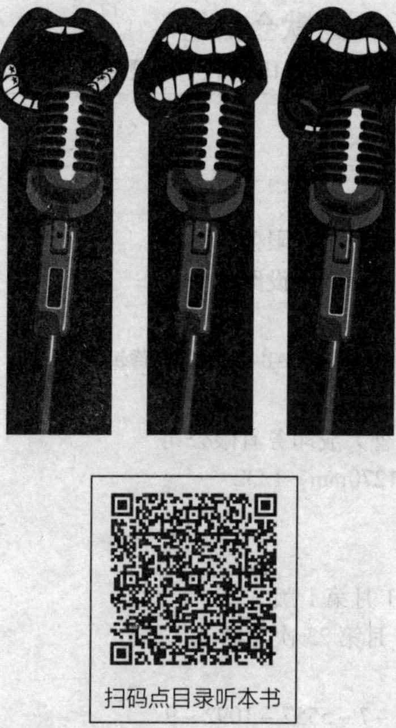

扫码点目录听本书

成都地图出版社

图书在版编目(CIP)数据

口才三绝:会赞美会幽默会拒绝 / 路天章编著. — 成都 :
成都地图出版社有限公司, 2018.11(2023.4 重印)
ISBN 978-7-5557-1092-9

Ⅰ. ①口… Ⅱ. ①路… Ⅲ. ①口才学-通俗读物
Ⅳ. ①H019-49

中国版本图书馆 CIP 数据核字(2018)第 258883 号

口才三绝:会赞美会幽默会拒绝
KOUCAI SANJUE: HUI ZANMEI HUI YOUMO HUI JUJUE

编　　著: 路天章
责任编辑: 王　颖
封面设计: 松　雪
出版发行: 成都地图出版社有限公司
地　　址: 成都市龙泉驿区建设路 2 号
邮政编码: 610100
电　　话: 028-84884648　028-84884826(营销部)
传　　真: 028-84884820
印　　刷: 三河市众誉天成印务有限公司
开　　本: 880mm×1270mm　1/32
印　　张: 6
字　　数: 136 千字
版　　次: 2018 年 11 月第 1 版
印　　次: 2023 年 4 月第 23 次印刷
定　　价: 36.00 元
书　　号: ISBN 978-7-5557-1092-9

前　言

好口才能更好地辅助你展现自己的才华，体现风度和气质，这样会让他人更加关注你并且喜爱你；好口才亦能帮助你驰骋职场，赢得领导的青睐；好口才还能缩短人们心灵间的距离，促进彼此的交往。 良好的口才可以把你的想法准确无误地传达给其他人，这会为你带来机遇；一些口才的小技巧还可以使你在面临语言的刁难时将其化解，解除你的困境。 或许你认为成功的人不一定都具备良好的口才，但拥有好的口才绝对有益于成功。 良好的口才是成功的催化剂，它能够提高成功的可能性，并且在关键时刻发挥至关重要的作用。

一个人拥有良好口才技巧的突出表现，就是会赞美，会幽默，会拒绝。

赞美并不是一味说好话，戴高帽，而是通过语言艺术让你的赞美话听起来令人舒服，不空洞、不虚伪。 这就需要你敏锐地发现对方身上最值得赞美的地方，把赞美话说到对方内心深处，这样才能取得最佳的赞美效果。

会赞美的人，说话真诚、热情、有度，能让被赞美者感受到你所表达出的善意，从而建立和谐的沟通氛围。 现实交往中，一句恰到好处的赞美话，往往能起到令人意想不到的效果。

幽默并不是单纯搞笑，而是通过运用睿智、轻松、寓意深刻的语言，来提升自己的社交形象，快速拉近双方的距离，化解突如其来的尴尬局面，缓和陷入僵局的紧张气氛。通过幽默，让人际交往更和谐，职场沟通更顺畅，家庭关系更美满。

拒绝并不是生硬地说“不”，而是通过委婉的语言让你口中的“不”字更具有人情味，更容易让人接受。有技巧地拒绝，不但不会给我们带来负面影响，反而能得到他人的敬佩与尊重。拒绝他人是生活中的一种艺术与技巧，学会并灵活运用它，会使我们的生活更从容，也会使我们有一个良好的社会关系。

本书通过大量现实生活中的对话场景，配合直观的手绘插图，介绍了如何说赞美话、幽默话、拒绝话的方法，希望本书能帮助读者提升口才技巧，增强沟通能力。

目　录

扫码点目录听本书

中篇　会幽默：跟任何人都聊得来

下篇　会拒绝：别让不好意思害了你

第一章　敢于拒绝，别为了面子强出头

上篇

会赞美：好人缘是夸出来的

扫码点目录听本书

第一章 赞美他人,就能照亮自己

扫码点目录听本书

赞美具有神奇的魔力

> 印尼前总统苏加诺是位外交老手。他曾在广州青年为他举行的欢迎会上说了这样的一番话:“今天,我非常高兴见到大家。你们青年人是民族的希望、未来的建设者、未来的主人翁。青年人是多么幸福啊!印度有很多神话,其中一个是关于‘愿望之树’的,谁要是站到神树的下面,就能实现他此刻的愿望。假如我现在能够站到这棵神树下,我会向神树许愿:我想重新回到青年时代。”

苏加诺针对青年听众,热情赞颂他们拥有的宝贵青春。一番赞赏之词,一方面激起了听众的自豪感,另一方面博得了听众的亲近感和信任感,不仅拉近了感情,还增进了友谊。

虽然赞美能够拉近彼此的距离,但也要注意场合,对陌生人进行直接赞美则会显得矫揉造作、不伦不类。所以,如果我们在称赞一位经营者时，不妨间接赞美与其相关的其他方面，以此表现自己对对方眼光独到、经营有方的欣赏；而在称赞一位演讲人时，可以着力夸赞他的口才和博学等，这不但给他鼓励，还能证明自己有素养。

萧伯纳年轻时非常胆小。刚到伦敦的时候，有人请他去做客。他到了主人家门口后，挣扎很久还是不敢按门铃，徘徊许久后选择了放弃。但就是如此胆小的一个人，最后，却成为有名的演说家，实在是令人称奇。

萧伯纳受朋友之邀进行他人生的第一次演讲。当时，胆小的他怀着一颗忐忑不安的心诚惶诚恐地站起身来，声音很小地讲了一个小故事，结果却被众人嘲笑。大家都笑他胆小得像个小姑娘。他惭愧得无地自容。正在他懊恼时，一个女孩真诚地对他说："你的声音真好听，相信再大点声会更美妙。"萧伯纳害羞地看着女孩，女孩开心地笑了，她知道他已经接受了赞美。从此以后，萧伯纳不再在公众场合保持沉默，他像被一股无形的力量推动着，不断进步。

此后，每逢周末，萧伯纳都会积极地找寻机会当众演讲。即便别人觉得他很怪，他一直保持着不理会的态度。每次演讲过后，他都会反思以提升自己。

无论是在什么场所——是挤满成千上万听众的演讲大厅，还是寥寥数人的地下室，萧伯纳都会出现。经过反复锻炼，萧伯纳完全摆脱了胆小的毛病。他不仅能够大胆地与别人交谈，而且还开始展现自己演讲的魅力。

赞美具有神奇的魔力，它不但能化解尴尬，建立友情，还能让干戈化为玉帛，让不可能变成可能。

美国南北战争时期，北军格兰特将军和南军李将军交锋。经过激烈战斗，北军胜利，李将军签订降约，美国内战结束。

格兰特将军立了大功，但他并不狂傲。他首先谦恭地称赞对手："李将军虽然战败了，但这并不影响他的军事才能，他依旧是一位伟大的军事统帅。他一如既往的镇定，身穿军服，腰佩宝剑，气宇轩昂；我和他那高大的身材比较起来，真是相形见绌。"

格兰特不但大度地赞美了李将军的仪表和仪态，而且还不趁机诋毁他的军事才能，谦虚地认为自己的胜利和李将军的失败，是运气眷顾。他说："这次胜利来得很幸运，当时他们的军队在弗吉尼亚遭遇连绵阴雨，行军作战异常不便，而我军一直没有遇到如此糟糕的情况。老天在帮助我们，是幸运给了我们胜利！"

格兰特将军把一场关键性战役归功于天气和运气，而对自己战术指挥的高明闭口不提，面对战败的敌人时也不盛气凌人，而是赞美对方以维护战败者的尊严，最终，得到了更多的敬意。

人人都爱被赞美

1. 希望赢得别人对自己的赞许，是人类的本性

人们正是在别人的赞美声中感觉到认可，获得重要的社会满足感。人在婴儿时期，就从周围人的微小的赞美性动作中获得满足。成人以后，更多的是在他人、社会舆论的赞许声中获得强烈的成就感。这就是“社会赞许动机”。应该认识到，人都有优点，这正是个人存在价值的生动体现。人们一般都希望他人能看到和肯定自己的优点和长处，认可自己的成功。因此，诚恳的赞美之声，总是能够赢得对方的欢心，同时也创造了美好愉悦的氛围。

2. 赞美能形成良好的行为规范，有利于双方向积极肯定的方向发展

在人与人的交往中，适当的赞美能促使人改正缺点。比如，对方本来具有优柔寡断的缺点，若听你称赞他很果断，那么他就可能改变原来的缺点，朝你赞许的方向去努力。他的动力来源于他人的赞美。

3. 适当地赞美对方，能够使其回以同样的热情

科学研究表明，别人对待你的方式，大部分取决于你对他

们的态度。有的人总是抱怨别人不热情、不友好，事实上原因在于你自己。面对镜子，如果镜子中的形象令你不悦，那最好从自己的脸上去找原因。一个热情友好的赞美，总能换取对方同样的态度，更利于双方交流。

给他人一个美名，让其为此而奋斗

1. 不直接指出对方缺点反而称赞其优点

有一段时间，客人纷纷投诉指责某百货公司的时装专柜的售货员服务态度不佳。专柜主任采取了一种独特的处理方式并取得了好得惊人的效果。他没有指责那些售货员，反而大肆赞扬，他对那些被客人指名的售货员说："有客人称赞你服务周到，希望今后继续努力。""顾客说你彬彬有礼。"这么一来，她们的服务态度开始自觉变好，对客人笑脸相迎，业务也蒸蒸日上。

这正是巧妙地掌握女性心理的教育方法。一般来讲，女性被人指责有什么缺点，她们会觉得自己的全部人格都遭到否定，会有抵触心理。但如稍加称赞，她们便神采飞扬，变得非常积极。

2. 给他人一个美名

戴尔·卡耐基指出，如果你想要改变其他人的态度和举止，可以用这个方法：“给他人一个美名，让他为此而努力奋斗。”

3. 用“赋予名号头衔”代替批评

有位食品店雇员总忘了把价格牌摆在各种物品前面，这使得顾客搞不清价格，并频频抱怨这件事。顾客与她交流谈话多次也不见改善。最后，舒密特先生把她请进办公室，跟她谈了请她负责全店的标价牌事宜，她立刻改变了态度，从那时起，她就非常负责地做起了她的价格牌监督工作。

也许有人会认为这样做很幼稚，但拿破仑也曾利用过这种方法。当他定制和颁发了15000枚荣誉勋章给他的部下，又把18个将军升为“法国元帅”，并号称自己的部队是“无敌陆军”的时候，有人批评拿破仑用“玩具”玩弄出生入死的老兵，而拿破仑答道：“人就是被玩具所统领的。”

这个“赋予名号头衔”的方法，任何人都可以尝试运用。

恩尼斯特·杰安特住在纽约史卡斯达尔，她非常烦恼，因为有一群淘气的男孩总践踏她的草坪，损毁她的草地。怎么斥责哄骗他们都不听。于是，她试着给那群孩子中最坏的一个起名号，给他一种权威感。

她命他做她的“探长”，由他负责驱逐所有践踏草地者，果然，这个方法生效了。她的“探长”在后院烧好一块火红的烙铁，并威胁其他的孩子，别踏进草地，否则他就要给他烙上一记，果然，再也没有孩子践踏这块草地。

人人都有值得赞美之处

1. 所有的人都欢迎欣赏和赞扬

根据心理学的层次理论，自尊和自我实现是一个人较高层次的需求，它一般表现为荣誉感和成就感。而荣誉和成就的取得，在得到他人和社会认可时最强烈。而赞扬的作用，就是把他人需要的荣誉感和成就感，拱手相送到对方手里。

人们常常忽视对别人表示欣赏和赞扬这一美德。当我们的儿子或女儿取得好成绩的时候，我们竟然忽视了，而没有对他或她加以赞扬；或者是当他们第一次成功地做出一块蛋糕或做好一个鸟笼的时候，我们却忘了鼓励他们。没有任何东西比父母对子女的这种关注和赞扬，更能激励子女奋进。

下一次你在饭店吃到一道好菜时，一定要记得说这道菜做得不错，并且把这句话传给大师傅。而当一位奔波劳累的推销员对你以礼相待时，也请你给他赞扬。

每一位传教士、教师以及演讲的人，都曾遭遇过掏出肚子里所有的东西却没有得到听众一句赞扬的话而倍感失望的情形。

那些在办公室、商店以及工厂的工作人员，还有我们的家人和朋友，也会有这种经历。

不管到什么地方，也不管什么时候，不妨多说几句感谢的话，留下一些友善的小火花。你将无法想象，这些小小的火花能够点燃起怎样的友谊火焰。而当你下次再到这个地方的时候，这友谊的火焰就会照亮你。

2. 赞扬就像是照在人们心灵上的阳光

玛丽作为一名见习服务员，在熙熙攘攘的纽约杂货商店里忙活了整整一天之后，已累得精疲力竭。她的帽子歪向一边，工作裙上被点点污渍沾满，双脚越来越疼，装满货物的托盘在她手中也变得越来越沉重。她感到疲倦和泄气："看来一切在我手中都干不好。"

玛丽好不容易为一位顾客开列完一张烦琐的账单，这家人有好几个孩子，他们三番五次地更换冰激凌的订单。

玛丽真的准备撒手不干了。

这时候，这一家人的父亲一面递给玛丽小费，一面笑着对她说："谢谢，你对我们的照顾真是太周到了！"

就在这一瞬间，玛丽的疲倦感瞬间就无影无踪了。她也回报以微笑。后来，当经理问到她对头一天的工作有什么感觉时，玛丽回答说："挺好！"

那一句赞扬好像改变了所有的一切。

如果几句话就能给别人带来这样的满足，我们何乐而不为呢？

3. 人人都有值得称道的地方

卡耐基在纽约的一家邮局寄信，发现那位管挂号信的职员很不耐烦自己的工作。于是，他暗暗地对自己说："卡耐基，你要让这位仁兄感到快乐，要他马上喜欢你。"同时，他又提醒自己："如果要他马上喜欢我，一定要说些好听的话让他高兴起来才行。而他，有什么值得我欣赏的呢？"非常幸运，他很快就找到了。

当他称卡耐基的信件时，卡耐基看着他，很诚恳地对他说："你的头发太漂亮了。"

他抬起头来，感到些许惊讶，脸上露出了无法掩饰的微笑。他谦虚地说："哪里，不如从前了。"

卡耐基又对他说："这是真的，简直如同年轻人的头发似的！"

他高兴极了。于是，他们愉快地谈了起来，在卡耐基离开的时候，他对卡耐基说的最后一句话是："很多人都向我询问到底有什么秘方，其实它是天生的。"

事后，卡耐基说："我敢打赌，这位朋友当天走起路来肯定是飘飘欲仙；我敢打赌，晚上他肯定会向他太太详细地叙说这件事，同时还会对着镜子仔细端详一番。”

卡耐基给一位朋友讲述这件事，朋友问卡耐基：“你为什么要这样做？你想从他那里得到什么呢？”

卡耐基说：“是的，我想要得到什么？什么也不要。如果我们只图从别人那里得到什么，那么我们就无法给人一些真诚的赞美，那也就无法真诚地把快乐带给别人。如果一定要说我想得到什么的话，告诉你，我想得到的只是一件无价的东西。这就是我为他做了一件事情，即使他对我并无回报，我心中也会产生一种满足之感。”

是的，真诚地对别人值得赞美的地方说出自己的赞美之词，对别人对自己都很有用。

如同艺术家给别人带来美的时候感到愉快一样，任何掌握了赞扬艺术的人都会发现，赞扬把极大的愉快不仅带给听者，而且也带给了自己。它不仅给平凡的生活带来了温暖和快乐，还把世界的喧闹声变成了音乐。

人人都有值得称道的地方，我们只需要把它说出来就好。

处处都有值得赞美的地方

美国管理专家戴维·马尔思被认为是钢铁业界的一个天才，他在当时拥有三千多美元的日薪，年工资为一百万美元。

但事实上，戴维·马尔思对于钢铁生产并不懂，是典型的“外行”管内行。

戴维·马尔思自己这样认为：“我认为我所拥有的最大财富是我能使人们产生极大的热忱。要激发人们心目中最美好的东西，就是要去鼓励和赞美。我从来不指责任何人。我信奉激励人去工作。所以，我总是急于表扬别人而对吹毛求疵最讨厌。如果我喜欢什么东西或人，那就会诚挚地赞扬。”

“在社会交往中，虽然我在世界各地见到过许多伟人和普通人，但有一个人仍然要我去寻找发现，无论他有多高、多重要的身价，他在赞扬面前总比在批评面前做得更好，而耗费的精力也更小。”

戴维·马尔思的秘诀就是，不论是在公开还是私下的场合，都会赞美别人。赞美可以使人奋发向上，促使一个人不断进步和发展。

在日常交谈中，真诚的赞扬和鼓励，能使人的荣誉感得到满足，使人终生难忘。在日常生活中，一些人认为赞扬和鼓励有害无利，却相信处罚和责骂。其实，这是一种过时的思想和习惯，是和现代人健康的人格与尊严、荣誉与自尊相悖离的。有一句箴言：“合适的话，甜了心而健于骨。”赞美之于人心，同太阳之于生命一样，有着十分神奇的作用。美国作家马克·吐温说：“我听到一句好的赞词，就能够不吃不喝活上两个月。”他这句话的内在含义，就是指人们时常需要受人尊重和恭维。

英国大文豪查尔斯·狄更斯在年轻时穷困潦倒，好像干什么事都不顺利。父亲因为无钱还债而入狱，饥饿之苦是狄更斯经常遭受的。他总是坚持写作，却信心不足，总是晚上偷偷将稿子寄出去，又总是被退回来。终于，他的作品被一位编辑欣赏，刊登了出来，并回信夸奖了他。

这个赞扬使狄更斯的一生发生了改变，从此，世界上多了一个伟大的文学家，少了一个平庸的人。可见，一句简单的赞扬的话所起到的作用是无法估量的。

一句简单的赞美他人的话，不仅使他人的心理需求得到满足，同时还让自己得到了对方的喜爱和赞叹。

说句简单的赞美话，的确不是一件困难的事情，只要你乐于并且留心观察，到处都会有值得赞美的地方。

你可以将一位并不十分漂亮的女士称赞为“很有智慧”“心地善良”“善解人意”。同样，你也可以将一位并不十分强壮的男士称赞为“很有能力”“很有见地”“很有个性”。你可以对男同事说：“哦，你今天的这个领带真别致。”也可以由衷地赞美穿了新衣服来上班的女同事：“这件衣服穿在你身上很得体。”你还可以对家人说：“今晚可口的饭菜让我的肚子撑不下了，可舌头还想吃。”

赞美的话宛如令人赏心悦目的大自然的花朵。正如美国心理学家威廉·詹姆斯所说：“人类本性上最深的企图之一是期望获得赞美、钦佩和尊重。”

人人都爱被赞美

及时赞美对方的优点

人们都希望他人能看到和肯定自己的优点和长处，认可自己的成功。诚恳的赞美，总是能够激励对方的干劲，同时也创造了美好愉悦的氛围。

赞美比批评更有效

对于犯错的人，赞美、鼓励比批评、呵斥要有效得多。相对批评来说，赞美是一种“积极的鼓励法”，更能激起对方正面的反应。

第二章　赞美是口才，也是一门艺术

一语中的，赞美不是“拍马屁”

美国著名的柯达公司的创始人伊斯曼捐赠巨款，在罗彻斯特建造三座全新的公共戏院。为了承接这批建筑物内的座椅，许多制造商想尽了办法。但是，商人们无不乘兴而来，败兴而去，一无所获。

当时，优美座位公司的经理亚当森也前来会见伊斯曼，希望能够得到这笔价值9万美元的生意。

亚当森被引进伊斯曼的办公室后，看见伊斯曼正忙于批示文件，于是，他静静地站在那里观察办公室的环境。

过了一会儿，伊斯曼抬起头来，发现了亚当森，便问道：“先生有何见教？”

这时，亚当森搁置交易的事，而是先说：“伊斯曼先生，我在等您的时候，仔细地观察了您的这间办公室。我本人长期从事室内的木工装修，但这间办公室精致的装修让我惊艳。”

伊斯曼回答说：“哎呀！您提醒了我过去的事。这间办公室是我亲自设计的，当初刚建好的时候，我喜欢极了。但是后来一忙，就没时间仔细欣赏这个房间了。”

亚当森走到墙边，摸了一下木板，说：“我想这是英国橡木，是不是？意大利橡木的质地不是这样的。”

“是的。”伊斯曼喜形于色地说，“那是从英国进口的橡木，是我的一位专门研究室内装饰的朋友专程去英国为我订的货”。

伊斯曼心情极好，便带着亚当森仔细地参观起办公室来，十分详细地向亚当森作介绍，谈到了木质、颜色比例、手艺等，然后又详细介绍了他的设计经过。这个时候，亚当森非常专注地在听。

一直到最后，俩人都未谈及生意。你想，这笔生意会落到谁的手里？除了亚当森还会是谁？

亚当森不但得到了这批的订单，而且和伊斯曼成为至交。为什么伊斯曼把这笔大生意给了亚当森？这与亚当森适度的赞美密不可分。如果他一进办公室就谈生意，十有八九会被赶出来。

亚当森成功的诀窍是什么？ 很简单，就是他了解谈话的对象。 他从对方的成果开始，赞扬他取得的成就，使伊斯曼的自尊心得到极大的满足，把他视为知己，自然会先考虑与他的生意。

在这里，值得指出的是：赞美与拍马屁完全不同。 赞美是发自内心地对对方某种长处的肯定，而拍马屁则是不怀好意的虚伪吹捧。是诚恳的称赞还是虚伪的拍马屁，对方一听就清楚。

在用称赞的方式谈话时，还应注意：

称赞要发自内心，要诚恳；要具体而不要抽象笼统；要实际不浮夸。间接的称赞比直接的称赞来得更有力。因此称赞要选好时机说对话；称赞要适可而止，不可无限拔高；称赞贵在自然，不可做作。

赞美应该给人美的感受

有人说，赞美是最美的语言，赞美应该给人一种美的感受，但很多人语言乏味，一成不变。

通常，以下三种俗套话应该避免。

1. 学别人说过的话

一些人在公共场合赞美别人时，没有自己的想法，只能学别人说话，附和别人的赞美。常言道：别人嚼过的肉不香。附和的话不仅达不到效果，还可能引起对方反感。

五代时期的梁太祖朱温手下就有一群乐于拍马屁却词穷的宾客。一次，他与众宾客在大柳树下小憩，随口说了一句：“柳树好大啊！”这群人忙附和他，也纷纷起来赞叹道：“柳树真大啊！”朱温看了觉得好笑，又道：

“柳树好大，能做车头。”尽管大家知道这话不对，但还是有五六个人赞叹：“能做车头。”朱温对他们非常反感，厉声说：“柳树怎能做车头！我见人说秦时指鹿为马，有甚难事！”于是处决了他们。

中国人有个传统，就是别人赞美自己时，自己往往要谦虚一下。在公共场所，若大家众口一词地赞美某个人的同一方面，就会让他尴尬，而且越是最后几个赞美的，越让他感到厌烦，对于这一点，大家要特别注意。

2. 形式上的俗套话

年轻人刚踏入社会很容易犯这种忌讳：由于缺乏社交经验，见面就是“久仰大名、如雷贯耳、百闻不如一见、生意兴隆、财源茂盛”等俗不可耐、味同嚼蜡的恭维。这些俗套话会给人留下不冷不热的印象，使人感觉你缺乏诚意、玩世不恭，因此不会给对方留下好印象。

公式化的套词俗语，甚至会让对方生气。一位年轻小伙子到同学家去玩，见到同学的哥哥之后马上说：“大哥你好，见到你真高兴！久闻你的大名，如雷贯耳，百闻不如一见！”没想到对方非常不高兴。原来，他同学的哥哥因打架斗殴被拘留了几天刚出来。这个年轻小伙子不明情况就“久闻大名”地恭维了一番，却犯了对方忌讳。

3. 尽说赞美别人专长的单调话

大家都很容易发现别人的特长，因此也多着眼于其专长来赞美。殊不知，时间长了，被赞美的人听腻了，便不愿再听这类赞美。比如，一个画家，人们肯定都关注他的画技，而对作家，人们可能仅赞美其写作水平。常言道：“好话听三遍，听多了鬼也烦。”

可见，陈词滥调不仅是社交的忌讳，也是赞美别人的忌讳。那么，怎样推陈出新呢？

1. 要抓住对方的心理去赞美

陈词滥调往往是在不深入了解对方心理的情况下说出的疲于应付的话，毫无针对性。只有了解对方近况和心理，才能知道他此时的心情和需要，从而给予别出心裁的赞美。

2. 赞美别人专长以外的东西

聪明的人善于使用“迂回赞术”，围绕对方希望听到的方面进行赞美。

众所周知，空姐们既漂亮又热情，她们也听到很多的乘客对自己容貌和服务方面的赞美，因此已经没有了感觉。一次，一位黑人先生在下飞机时，很激动地对中国空姐赞美道：“我飞外国这么多年，第一次遇到对我们黑人这么友好的服务小姐。”这位黑人先生没有赞美中国空姐漂亮，也没有赞美其服务，而别出心裁地称赞中国空姐没有种族歧视的品格，可谓独具匠心。

3. 赞美的话语不要太夸张

言过其实的“赞美”让人感觉虚伪，会让人反感。

得体的赞美让人觉得舒服自然

1. 赞美对方过去的成就或行为

对于初次见面的人，最有效的赞美是哪一种呢？ 最好避免以对方的人品或性格为对象，而应称赞他过去的成就、行为或所属物等看得见的具体事物。 假设以“你真是个好人”来赞美对方，即使是由衷之言，对方也容易产生“才第一次见面，你知道我是不是好人”的疑念及戒备心。

如果赞美他人过去的成就或行为，就有了不同的情况。 赞美这种既成的事实与交情的深浅无关，对方接受起来也比较容易。 也就是说，不是直接称赞对方，而是称赞与对方有关的事情，这种间接奉承在初次见面时比较有效。 如果对方是女性，那么奉承的最佳对象便是她的服装和装饰品。

一天，卡耐基被介绍给一位朋友的夫人，因为当时缺少适当的话题，他就顺口说了一句：“你佩戴的这个坠子很少见，非常特别。”企图通过这句话掩饰当时的尴尬。他说这句话完全是无意的，因为卡耐基对女人的装饰品压根不了解。出人意料的是，这个坠子果然很特别，只有在巴黎圣母院才买得到，这是她的心爱之物。随便说出的这句话，勾起了夫人对有关坠子的种种往事的联想，从此他们便成了好朋友。

赞美别人要恰如其分是件很不容易的事。如果称赞不得法，反而会遭到排斥。为了让对方坦然说出心里话，一定要尽早发现对方引以为荣、喜欢被人称赞的地方，然后对此大加赞美，也就是要赞美对方引以为荣的地方。试想，一位本来很为身材消瘦而苦恼的女性，听到别人赞美她苗条、纤细，又怎么会高兴呢？

2. 赞美女人的漂亮

赞美女性之时，首先，可从容貌入手设计你的话题。女人天生爱美，从小时候起她们就迷恋蝴蝶、鲜花等精致、美丽之物。女人之美首先是先天之美，如长相、身材、皮肤、头发等，同时还包括后天的修饰。女人没有不喜欢别人赞美自己漂亮的。因为漂亮这个词能使她感到自己在同性中的位置，并充满自信。你应当记住的是，女人的漂亮不光是指她的脸蛋、眼睛、眉毛和嘴巴，细腻的皮肤、漂亮整齐的牙齿、乌黑亮丽的头发、苗条修长的身材等都可以成为男人称赞的话题。

在生活中，很少有女人特别漂亮。这时候，你就需要学会发现美。法国艺术家罗丹说的话很值得我们三思："生活中并不缺少美，而是我们缺少发现美的眼睛。"我们在赞美女人之前还是要观察一番"生活"。比如说，一个女人或许没能拥有漂亮的眼睛，但是她的气质很好，同样可以纳入我们的主题。对一个不够漂亮的女人，千万不能做硬性赞美，这样只会弄巧成拙；对身材不好的女性也不可随便赞美她苗条俏丽，这样会让她认为你在讽刺她。就是对漂亮的女性，在称赞她时也不可仅停留于一般性的赞赏，否则也取不到应有的效果。

3. 把顾客赞美得愉悦舒坦

只要你懂得适当地赞美别人，“使对方愉悦舒坦”，你的生意就有了保障。

一家药房的老板，是“给人面子”的高手。他用两次礼节来“给人面子”，招呼客人。第一次是在顾客一进门之时，他就马上起身迎接，满脸带着笑容诚心诚意地说：“欢迎光临。”每个进门的客人听到这种愉悦的问候，都会感到非常舒坦，因此，也不由得回礼，药房老板在对方回礼之时，又再次向对方作揖行礼。

药房老板同顾客如此这般地招呼，顾客内心会产生被人重视的满足感。

接下来，药房老板更进一步使用“给人面子”的策略，比如，说些“你看起来真年轻”或者“你身上穿的这套衣服很漂亮”等使人听了舒坦的话。

此外，这位药房老板更是遵守“不卖药给来买药的顾客”这一信念与原则。在顾客被客气地招呼之后，正感舒坦地说：“请给我一瓶感冒药。”药房老板绝不会立刻递上感冒药，而是问：“您是哪里不舒服?”倘若顾客回答“喉咙痛”，药房老板马上紧接着说：“如果这样别服用感冒药。”这时，顾客大感疑惑而纳闷地问：“那么应该如何才好?”药房老板就会说：“您看起来工作非常繁忙，如果在吃药的同时能搭配一些营养剂将更有利于你的身体健康。”药房老板就这样轻而易举地说服顾客购买维生素或蜂王乳等营养剂。

顾客因为药房老板的赞美，也就乐于接受建议，而且营养剂给人的印象也比较好。虽然营养剂的价钱比药品高出数倍，但在这种策略的影响下，还是有人愿意购买，并且药房生意昌隆。

说别人忙也是在赞美别人，因为忙往往意味着赚钱。

4. 态度诚恳，表情认真

当赞美别人之时，态度诚恳、表情认真是极为必要的。倘若你以漫不经心的态度，向对方说一些听起来舒坦愉悦的话语，即使赞美是礼貌性的，有时对方非但不接受你的心意，反而会对你产生虚伪的不好印象。所以，诚恳认真的表情是改变对方心理的重要策略。纵然所说的话确实与事实稍有不同，但是，只要极具诚意地表示，仍会使对方相信这是你由衷之言，从而对你产生良好印象，这是不证自明的道理。

当以认真的表情赞美对方之时，有时还必须把干脆又果断的说法及语气派上用场。好比说，在与他人打招呼寒暄“你看起来精神焕发，神采奕奕”过后，马上再添上一句“看起来比你的实际年龄年轻多了”，相信对方必然会产生一种满足感，对你更是有良好的印象。因为喜欢被人赞美年轻是人之常情。

一般来说，大部分人都相当重视自己给人的第一印象。因此，想要他人对自己产生良好的第一印象，在首次会面时，不妨按实际年龄把对方的年龄打七折，这是最佳的策略。因为打九折所产生的作用不大，而打五折又有虚伪之嫌，所以折中下来，最佳的运用程度便是七折。

例如，对方是六十岁的人，你要选择说“你看起来好像四十多岁的样子”。当然，对方一定会吓一跳。为了避免对方因感觉被愚弄而产生不悦，在赞美对方年轻时，你必须要先奠定对方的确是四十多岁的“心理”，再向对方用认真的表情进行赞美，如此循序渐进，即使对方很清楚这仅是礼貌性并非真实的赞美，你的诚意依然会打动他而使他深感愉悦。

5. 适当地贬低自己就等于捧高了对方

当我们处于某些时间、场所，不便坦然对他人说出礼貌性的赞美时，不妨换个方式来表达，这不但有同等的效果，甚至还会远超所期望的效果。

贬低自己就是个诀窍。适当地贬低自己，也能相对地捧高对方。即使是“不善言辞”或“不善于称赞”的人，也能轻而易举地使用这种方法，以此达到高捧他人的目的。

比如说，我们在参加某店铺开张的庆祝会时，即使那是一家不怎么样的店铺，我们也要依场合不同来为庆祝会增添一些喜气。我们可以说些贬低自己、捧高对方的话：

“这店铺看起来真不错，连室内的装潢都很考究。不像我经营的那家店，门没做好，窗户也是一大一小。”

这样将对方和自己作具体的比较，并技巧性地表示自己略逊对方一筹，使得对方由于被人高捧而兴起优越感，如此他心中的舒坦自是不可言喻。

相反地，如是用轻视的口吻对主人说：

“店铺的柜台再宽一点会比较好。下次整修时你们一定要记住啊！”

在对方庆祝会上这样毫不客气地提出批评，他一定会大感不悦，从此对你产生敌意，这就是不谙人情世故所要承受的后果。

日本有位国会议员，常对别人说："小学毕业是我仅有的学历。"但是，他实际上却拥有高学历，他之所以贬低自己，无非是要在心理上给予别人平衡感，让别人觉得轻松。

我们不妨利用这一"贬低自己"的诀窍，以捧高对方的地位来达到感情投资的目标，如此，成功便离你不远。

当与他人初次晤面的时候，在双方互相不了解的情况下，彼此心中可能都会提高警觉，谈话也总是不够起劲，因此，常会发生"嗯！ 嗯！"这种尴尬又不自在的附和性对话。 这时，不妨把自己的失败教训作为话题。 即使你不擅于高捧他人，也能因此达到贬低自己高捧他人的效果。

炫耀自己仅会让别人感到反感，而谈及自己的失败教训，不但会增强对方的自信心，更能因此打开对方的心扉，让他坦然地接受你。 因此，先贬低自己再同他人谈话，实在是赢得他人欢欣的聪明策略。

6. 向别人请教就是对他人的赞美

一位长岛的汽车商人，利用赞美的技巧，把一辆二手汽车成功地卖给了一位苏格兰人。商人带着那位苏格兰人看过一辆又一辆车子，但他不是说这不适合就是说那不好用，还嫌价格太高。

在这位商人思索了很长时间之后，决定停止向那位苏格兰人推销，而让他自动购买。

几天之后，有位顾客希望把他的旧车子卖了，这位商人想到了办法。他知道，苏格兰人可能对这辆旧车子感兴趣。于是，他打电话给苏格兰人，请他过来帮个忙，提供一点建议。

当苏格兰人来了之后，汽车商说："你是个很精明的买主，你懂得车子的价值。能不能请你看看这部车子，试试它的性能，然后帮我判断一下应该出价多少才合算?"

苏格兰人的脸上扬起了笑容。终于有人请教他了，他的能力已受到赏识。他把车子开上皇后大道，从牙买加区一直到佛洛里斯特山，然后开回来。"如果你能以300元买下这部车子，"他建议说，"那你就买对了"。

"如果我能以这个价钱把它买下，你愿不愿意买它?"这位商人问道。

300元，这是他的主意，他的估价。这笔生意立刻成交了。

7. 先赞美再提要求

一位杂志社的编辑，是邀请作家写稿的高手。但这人并不能言善道，他对"我太忙了，无时间写稿……"的作家，只说一句："我知道您很忙，正由于您很忙才使得我邀您写稿，太闲散的人是不会有好作品的。"他以这样的方式邀请作者写稿，从未失败过。

一般来说，用强烈理由拒绝的人，要他答应是相当困难的，因为，这种人有充分的心理准备，所以“请你帮忙……”之类的恳求语，会使他感到厌烦。对付这类人，将对方的理由夸奖一番再提要求也许有效。

应用此法最得心应手的是化妆品推销员。当他们第一次与顾客见面时，顾客大都不会买。这时，推销员会说：“从你又细又嫩的皮肤就知道你不需要化妆品。”听到此话不动心的女性是很少的，然后推销员再加一句：“可是，夏天的骄阳……”这样一说，就会使顾客高高兴兴地掏钱。

把握好赞美他人的“度”

赞美的话人人都爱听，但“真理向前跨越一步就是谬误”，人们对适度的赞美会感到舒畅；反之，则会感到十分尴尬。

1. 注重过程

这些情况我们可能都体验过。当你夸奖朋友取得的成绩时，他会说：“你不知道我付出了多少心血！”言语间流露出你不知其艰辛、看结果不看过程之言。相反，如果你说：“真不错，一定花了你许多的心血吧！”就会使他觉得心里舒服，认为你很了解他。可见，夸奖劳动的付出效果更佳。

其实，很多人做事注重过程胜于结果。如果你人云亦云地夸奖他取得的成果，不但有势利之嫌，还会让人这样想：“要是我失败了会怎么样？”因而对你心生厌恶也未可知。很多名人讨厌记者的采访，也许就有此感。

2. 及时赞美

见机行事、适可而止是赞美应达到的效果。

> 老张是某电视台的一名老编辑，他工作总是勤勤恳恳。在他生日时，全室人员为他庆祝，新闻中心主任在祝词中是这样说的："多年来老张工作勤勤恳恳，甘于奉献，却从不争荣誉、邀功劳。在您生日之际，我代表全室人员祝福您！"主任的一番话令老张很感动，他认为这是领导对自己的肯定。

你把下属当成左膀右臂，使他认为自己很重要，这样的赞美怎么会不赢得人心呢？

3. 频率适中

这里的频率是指相对时期内赞扬同一个对象的次数。次数太少，起不到应有的作用；次数太多，应有的效果也会被削弱。而赞扬的频率是否适中，是以受赞扬者优良行为的进展程度为尺度的。如果被赞扬者的优良行为同赞扬的频率成正比，则说明达到了适度的赞扬频率；如果呈现反比，则说明赞扬的频率已经到了"滥施"的程度。

4. 要有前瞻性和预见性

赞美不仅要符合眼前的实际，而且要高瞻远瞩，要有前瞻性和预见性。那样才能提升你赞美的高度，你的赞美才能经得起推敲和时间的考验。

有些东西是相对稳定的，比如，人的容貌、性格、习惯等，这方面比较容易称赞；而有些东西则不稳定，如，人的行为、成绩、思想、态度等，若从长远考虑，要谨慎进行赞美。如，有些人入党之前各方面都有很积极的表现，领导便开始称赞他："该同志一直……"有经验的人就会想，先别夸，慢慢看吧。果然，入党之后，他各方面就开始松懈了。人被某种压力或某种需求压迫时，才可能会有积极的表现。做一件好事很容易，一辈子都做好事却很难。如果赞美人时仅限于就事论事，极易犯目光短浅的错误。

把自己放低，赞美的效果会更好

1. 虚心请教

有时，在一个人的爱好变得众所周知之时，对于你的赞美和恭维，他会没什么感觉，如一阵风吹过耳畔，脑中划不下半点痕迹。这时，只要你进行一番虚心讨教，作毕恭毕敬状，他定会耐心地向你传授其中的"诀窍"。

> 于飞到一位擅长书法的老师家去拜访，书法便自然成为话题。于飞谦虚地说："林老师，这些年我虽然努力练字，书法水平却没什么提高，恐怕主要是不得要领，请您稍稍泄露点'秘诀'如何？"林老师非常兴奋，绘

声绘色地讲起他的书法“经”来：“我最大的体会就是练字‘无剑胜有剑’，就如令狐冲练剑一样，并非整日坐在那里练字不可……”于飞非常高兴地说：“现在得您‘真经’，以后用心去练，定会大有长进。”林老师很高兴，临别时还送了于飞几幅字让他临摹。

这说明了“无赞胜有赞，无声胜有声”。

2. 欣赏其优势

有时，你面对的人群有优越心理，你很难同其进行交流，这时，谦卑的赞美将是最好的敲门砖。

这是李运生自述的一个经历：

大千世界，人们素质各不相同，而一旦我们把握听者的脉搏说话，就会使其像小禾吮甘露一样，顿感滋润和妥帖。一次，我在某大医院教歌的时候，开始，人们对我这个“当兵的”并不“感冒”，以致工会干部介绍我时，并未引起人们的注意，下面仍然叽叽喳喳聊个不停，面对这种情景，我拿出喊番号练成的嗓门先喊了一句话：“同志们，请大家给我这张陌生的面孔一个礼节性的回报，静一下。”这一软中带硬的祈使句，令场上立马静了下来。我接着说：“现在我站在这里，心里很紧张，因为我们这所医院集中了全省医学界学历、水平最高的专家和学者，大家的职责就是拯救生命、延续生命，最讲究争分夺秒，所以，我没有用我多余的话来浪费大家生命的权利，我的义务是把我支配的这段时间都用于教歌，我希望我们的合作不会留下任何遗憾和不愉快。”一席话说到了大家的心里，人们安静地回到自己的座位上，认真地学唱歌曲，再也没有因为维持秩序而耽误时间。

李运生针对对方基本素质的状况说话，对其优势进行了慷慨而准确的赞赏，称“学历、水平最高的专家和学者”，并强调其工作的重要性、崇高性，让人易于接受。

谦卑之心，并没有削弱你的形象，反而令你更为真实可爱。 承认别人的优势，尊重并欣赏别人的优势，你会拥有更多的朋友、更多的体验、更多的快乐。

3. 肯定其强项

俗话说：“尺有所短，寸有所长。”通过细心的观察，你将发现弱者也有其强项，充分肯定它，你将变得更有人缘。 谦逊而诚挚地赞美别人，他就能够扬长避短，更好地发挥其优势；同时，一个谦逊的人因懂得欣赏也会更富人格魅力。

迈克尔·乔丹不仅是家喻户晓的篮球明星，而且是美国青少年崇拜的英雄人物之一。他在篮球场上的高超技艺举世公认，而他在待人处世方面的品格也很值得敬佩。其中最突出的，就是他对发现和赞扬别人的优点和长处很擅长。

为了使芝加哥公牛篮球队连续夺取冠军，乔丹意识到必须把“乔丹偶像”推倒，以证明“公牛队”不等于

“乔丹队”，1个人绝对胜不了5个人。人们常忽视这个浅显的道理。在训练中，乔丹执意要将队员们的信心鼓动起来，变“乔丹队”为5个人的“公牛队”。

有一次，乔丹向队友皮蓬问道：“咱俩谁投3分球更好些？”

“你！”皮蓬说。

“不，是你！”乔丹极其肯定。

乔丹投3分球的成功率为28.6%，而皮蓬只有26.4%。但乔丹对别人解释说：“皮蓬投3分球的动作规范、自然。他对此很有天赋，以后还会更好。而我投3分球还有许多弱点！”

乔丹还告诉皮蓬，自己多用右手扣篮，或习惯地用右手帮一下。而皮蓬双手都行，用左手更好一些。连皮蓬自己都未注意到这一细节。

皮蓬是公牛队最有希望超越乔丹的新秀。小乔丹3岁的皮蓬被乔丹视为亲兄弟。他说：“每回看他打得不错，我就非常高兴，不然则很难受。”

1991年6月，在美国职业篮球联赛的决战上，皮蓬夺得33分，超过乔丹3分，成为公牛队在这个赛季的17场比赛中得分首次超过乔丹的球员。这是皮蓬的胜利，更是乔丹的胜利。

赞美是口才，更是艺术

向人请教等于赞美

放下自己的身段，虚心向身边所有的人请教，你不仅表现出一种谦虚，更满足了别人希望被赞美的需求。时时刻刻把自己当成一个小学生，不仅不会让人瞧不起，反倒会为你赢得更多的好感。

赞美对方过去的成就

对于初次见面的人，最有效的赞美就是称赞对方过去的成就。赞美这种既成的事实与交情深浅无关，对方接受起来也比较容易。

第三章　这样夸，让所有人都喜欢你

夸赞上级就这几招

究竟该如何夸赞上级呢？

以下是下属赞美上级的三大原则，可以供你参考。

1. 赞美要理直气壮

无论是否会被认为是巴结奉承、耍小手段，说赞美话切勿小心谨慎、生怕出错，因为那样就会毫无效果。既然想夸赞上级，就要满怀自信，大胆地表达出来。

2. 赞美工作外的事情

上级本来就是工作能力居上的，由部属诉说成败是反客为主，是非常不礼貌的行为。倒不如尽力赞美上级的业余生活，往往收效甚大。职场口才的窍门是：平时就仔细观察上级，最好能发现一些别人没有留意到的上级的优点，由衷地夸奖，这样一来，肯定会收到意想不到的效果。最重要的是，要大大方方、理直气壮地赞美。

3. 维护上级面子比赞美更重要

在这里，我们需要特别注意一点：尽管有时得冒着被指责为“拍马屁”的危险，但无论怎样都必须注意，一定要维护上级的面子。如果不记住这一点，犯了错误，轻者会受到上级的批评或责骂，重者会暗中受到上级的压制，甚至不被上级重用。

某机械厂的工程师对厂子的贡献很大，但自恃才高，和厂长在一起时，常常言语随便，行为放肆，使厂长十分生气。

有一天，有客户来访，恰巧他正在和厂长一起商量事情。他马上抢到厂长前面，与来人握手、寒暄，还主动倒茶、让座。交谈的时候，他一直抢着说厂长的话，完全把厂长忽略了，好像厂长没在一样。

和客户吃饭的时候，就座时，他根本不考虑位置，一屁股坐在了本该属于厂长的座位上，使得厂长只能当起了配角。厂长为此很恼火。

送走客户以后，厂长狠狠地把他训斥了一顿，说他目无上级，不知道自己是干吗的。从此以后，凡有接待上的事，厂长再也不叫他陪同了。本来厂长是准备给他一个位子，打算重用他的。但从此之后，厂长彻底放弃了他。

其实，大多数上级都是很看重面子的，尤其看重下属对他的态度，并且常常把它看作衡量下属对自己是否尊重的重要标志。维护上级面子，使他的尊严不受伤害，作为下属，尤其要在以下方面多加注意：

（1）当你发觉上级说话失误的时候，别当面立即纠正。否则，上级会觉得丢了面子、威信降低。

（2）上级的位置不能受侵犯。在公众场合，应把他放在重要位置，不能随意颠倒、乱了次序。

（3）尽量不要在其他人面前表现得与上级过分随便和亲密。

（4）当上级理亏或做错事的时候，要注意自己说话的技巧，别使他难堪。

（5）即使在单位之外的非正式场合，也要注意维护他的面子。

（6）要充分尊重上级的爱好或忌讳。

（7）收起锋芒，别让上级觉得自己不如你，因为大多数上级都喜欢在下属面前表现得多才多艺和知识广博。

（8）不能在背后说上级的坏话。对上级有意见，当面不能提的，也不要在背后嘀咕。要知道“纸包不住火”，不知道谁会把你的话说给上级听，这样做的后果是非常严重的。

赞扬下属，给他动力

1. 不可忽视下级的支持和力量

领导，居于等级结构的上层，要清醒地对待下属的赞美逢迎，否则很容易滋生走上层路线的习惯，养成说话办事对上唯命是从、对下颐指气使的作风。你不敢得罪你的上司，却欺压下属，就要当心下属的力量，连唐太宗李世民都说过：“水能载舟，亦能覆舟。”同样的道理，下属及员工也是你的“水”，你的沉浮都与他们有关。

无数经验表明，那些一味谄上欺下者，由于忽视下属的支持和力量，是维持不了多少时间，也成不了多大气候，一般说来，他们会很快下跌。

一位伟人说过，群众是历史的创造者。变通地讲，你的业绩很大程度上取决于你的下属和员工。你的决策再正确，点子再高明，离开下属和员工的支持和实施，也是纸上谈兵。你就好比发动机，没有其他部件一起运作，你能发动得起来吗？虽然你也可能用高压的办法，以势压人，使部下替你工作，但长期压制后，他们会暗中抵制，消极怠工，这样受损的还是你自己。日本的企业主是高明的，他们懂得激发员工积极性，因为他们非常在意员工的需求、情绪和态度，并据此调整政策，从而最大限度地调动部属的工作热情。领导的艺术和奥秘就在于，要使员工体会到领导交代的工作是最大利益和唯一正确的选择。

领导要多听员工的建议，尤其是那些颇有威信、颇有见解的下属和员工的建议，许多事情，只有得到他们的理解和支持，你推行起来才会更加顺畅。你最不愿意看到的是过去已经安排的事以不了了之而收场，这样会让你威信全无。因而一定要看重员工。

领导的形象很需要下属的塑造和宣传。俗话说得好，“饭要自己吃，好要人家夸”。你要树立自己的形象，自诩自夸无人当真。但如果是你的下属和员工来宣传，那就会一传十，十传百，既有说服力，又有真实感，会造成一种区域效应或行业效应。一旦声名远播，你会看到机会接踵而来。相反，如果上下关系恶劣，即使才华横溢，但臭名昭著之后，谁还能替你卖力呢？

你的下属和员工是最了解你的，所以，你必须关注其反应和态度。你的一举一动、一言一行他们都会察觉，你一旦冷漠了他们，得罪了他们，无疑是把他们逼向了你的对手一边，一旦风云变幻，你就会面临众叛亲离的境况。

一定要重视你的下属，真诚地关心他们，夸奖他们。

2. 领导的赞扬是下属最需要的奖赏

假如你看到体重达 8600 公斤的大鲸鱼跃出水面 6.6 米进行精彩的表演，你一定会叹为观止。而确实有这么一只创造奇迹的鲸鱼。这只鲸鱼的训练师向外界透露了训练的奥秘：开始时他们先把绳子放在水面下，引导鲸鱼从绳子上游过，鲸鱼每次经过绳子上方就会得到食物鼓励，会有人拍拍它并和它玩，训练师以此对这只鲸鱼表示鼓励。当鲸鱼从绳子上方通过的次数渐渐增多，训练师就会把绳子提高，只不过提高的速度必须很慢，不至于让鲸鱼无法适应。

训练师的鼓励帮助这只鲸鱼飞跃过了这一可载入吉尼斯世界纪录的高度。

对一只鲸鱼如此，人类也不例外。鼓励、赞赏和肯定，会使一个人的潜能得到最大限度的发挥。上司对下属，不要期望太高，下属每进步一点，应及时予以鼓励和肯定，以激励着他们往前冲刺。

人们工作是为了更好地生存和发展，这就有了物质愿望，但除此之外，人们更加追求个人的荣誉。一次测试证明，89%

的人希望自己的领导给自己以好的评价，只有2%的人认为领导的赞扬无所谓。问到工作原因时，92%的人选择了个人发展的需要。而人发展的需要是全面的，既有物质利益，也需要精神肯定。在单位里，大部分人都能兢兢业业地完成本职工作，每个人都非常在乎领导的评价，而上级的肯定是对下属最有力的鼓舞。

(1)领导的赞扬可以使下属认识到自己在群体中的位置和价值以及在领导心中的形象。

在很多单位，职员或职工的工资和收入都是相对稳定的。但人们都很在乎自己在领导心目中的形象问题，对领导态度都非常细心、非常敏感。领导的表扬往往具有权威性，是确立员工在所处团体中的价值和位置的依据。

有的领导善于给自己的下属在突出的方面作排名，使每个人按不同的标准排列都能名列前茅，可以说是一种皆大欢喜的激励方法。比如，小张是招聘的第一，小王是本单位"舞"林第一高手，小郑是单位计算机专家……大家都有领先的领域，人人的长处都得到肯定，整个集体几乎都是精英分子，你能说这不是一个生动活泼、奋发向上的集体吗?

(2)领导的赞扬可以带给下属认可度和满足感，使其在精神上受到鼓励。

常言道：重赏之下必有勇夫。但物质奖励是一时作用，具有很大的局限性，下属的很多优点和长处也不适合用物质奖励。相比之下，领导的赞扬不仅稳当安全，也不需要多少本钱或代价，就能很容易地满足下属的心理需求。

当你经过两周的日夜工作，精心准备和组织了一次大型会议而累得精疲力竭时，或者经过深入虎穴取得了关于犯罪团伙的若干证据时，抑或绞尽脑汁解决双方纠纷时，你最需要什么？当然是领导的肯定和他人的赞美。

如果一个下属很认真地完成了一项困难的工作，虽然此时他表面上毫不在意，但心里却默默地期待着领导多加褒奖，而领导一旦没有关注或不给予公正的赞扬，他可能就会产生一种挫折感，也没有了积极性，会有“反正领导也看不见，干好干坏一个样”的想法。这样的领导怎么会有人愿意为他效力呢？

领导的赞扬是下属工作的精神动力。同样一个下属遇到不同的领导，工作劲头判若两人，这与领导是否掌握激励方法是分不开的。

(3)赞扬下属还能够清除间隙，密切关系，有利于上下团结。

有些下属长期受领导的忽视，领导对他不批语也不表扬。时间长了，他就会怀疑：“领导怎么从不表扬我，是对我有偏见还是妒忌我的成就？”于是心里有了隔阂，没有什么友谊和感情可言，最终和领导形成鸿沟。

真诚的表扬是领导对下属的肯定和赏识，还表明领导很关注下属的事情，对他的一言一行都很关心。有人受到赞美后非常自豪：“瞧我们的头儿既关心我又赏识我，我做的那事就不值一提，不是了不起的事也被他大大夸奖了一番。跟着他干气儿顺。”互相都有这么好的印象，能有什么隔阂？肯定团结一心啊！

每个人都希望别人能够肯定自己的优点和长处，得到他人的认可和赞扬。特别是下属，尤其希望上司能看到自己的努力，认可自己的才能。

身为上司，不能忽视下属的这种心理。 不失时机地表扬，一方面是对他人优点、成绩的承认和肯定，另一方面还可以增进和下属间的感情。

3. 赞扬下属以笼络人心

有一次，齐威王和魏惠王相约去骑猎。

魏惠王问：“齐国有宝贝吗?”

齐威王答道：“没有。”

魏惠王听后得意地说：“我的国家虽小，尚且有珍珠这样的宝物，光辉能照车前车后十二辆车，这样的珠子共有十颗，难道齐国泱泱大国还缺珍宝?”

齐威王意味深长地回答道：“我说的宝贝与您的不同。我有个大臣叫檀，派他守南城，楚国人就不敢来犯，泗水流域皆臣服于我；我有个大臣叫盼子，派他守高唐，赵国人就不敢东来黄河捕鱼；我有个官吏叫黔夫，派他守徐州，燕国人和赵国人对着徐州的城门祭祀求福，七千余户迁入并祈求成为齐国子民；我有个大臣叫种首，派他警备盗贼，做到了夜不闭户。这四个大臣，他们的光辉将光照千里，区区珍珠又算什么?”

这段话既是嘲讽魏惠王，使他羞愧难言，同时更是对自己臣下的极好赞扬。 正是通过诸如此类巧妙得当的赞扬，齐威王成功地笼络了大批人才，使田忌、孙膑等一大批杰出人才心服口服，忠于效力。 于是，齐国大治，出现了“坐朝廷之上，四国朝之”的局面。

在现代社会中，这种做法仍有实用价值。受天性影响，人需要得到他人和社会的承认与肯定，而你诚挚恰当地给予赞扬，是对别人热情的关注、诚挚的友爱、慷慨的给予和由衷的承认，必然会起到鼓励的作用和引发感激的心理效应，从而拉近彼此间的距离。

4.表扬能鼓励人们更好地工作

当一个雇员退休或逝世时，他的上司往往盛赞他的生平，但是，当他活着和在职的时候，却吝啬美言；还有的上司总是吹毛求疵，动辄批评。其实，他们更应注重的是对在职员工的表扬，请千万不要怕表扬人，这是激励员工的最好办法，这种办法适用于生活的各个方面。你可能有个非常胖的妻子，但你要说，正是她这种丰满不凡的健美吸引了你，这样，她会更爱这个家。即使只有某项工作中的一小部分完成得很好，也要大加赞扬。你要相信，受表扬的人将会全力以赴把工作做好。有些领导常常不敢表扬下属，就怕员工骄傲自满，进而对工作有所懈怠。然而，这种想法完全错了，每个人都希望得到赞扬，表扬是最有效、最省钱的管理工具。

员工往往抱怨上司，说他只会大声训斥他们的错误，从来不表扬他们。这种抱怨多得出人意料，甚至长期忠心为公司奉献的人也常常抱怨。老练的和有经验的领导在出了岔子的时候善于处理一切，他们不会先责骂下属，而是正确地分析问题，还会肯定下属多年来出色的工作成绩。

5. 赞扬能改变一个人的精神面貌

富兰·塔肯顿是以前的明尼苏达州海盗橄榄球队指挥反攻的四分卫。有一次，他被要求去拦阻擒抱员。

四分卫一般不愿去拦阻，因为这样的拦阻将使他们面临重创的风险。

但海盗队落后了，需要额外努力才能挽回。塔肯顿上场进行拦阻，跑垒者得到一个底线得分。海盗队胜利了。

第二天，大家一起看比赛录像时，塔肯顿希望他所取得的成绩能得到嘉许。

但是，没有人说表扬的话。

看完录像后，塔肯顿走近教练巴迪·格兰特，问道："教练，注意到我的努力了吗？你怎么会对它一点看法都没有？"

格兰特回答道："我确实看到了这次拦阻。妙极了，塔肯顿，你总是很努力。我知道你明白我的心思的。"

"噢，"塔肯顿回答道，"如果下次想让我牺牲，你该这么做！"

可见，人是需要被人称赞的。

一位女学者在实验室工作，经常与机器和数据打交道，难免谨慎和刻板。然而不久前朋友们却发现她变化很大，不仅待人热情洋溢，而且穿戴打扮也焕然一新，笑容也变得十分阳光迷人。众人很纳闷，她怎么像换了个人似的？询问这位学者，才知道她换了工作地点，那里年轻人多，气氛融洽。她的顶头上司是一个充满活力、有幽默感的人，非常赞赏她对工作的认真和负责，经常不失时机地给予她应有的鼓励和赞美。她感觉自己重获了新生，连精神面貌都充满了一股子朝气。

少说客气话，多点坦诚赞美

你去一个朋友家，如果你们十分客气地相处，他跟你说的都是些客套话，总担心你不高兴。这个时候，你一定会觉得很不舒服，等你回家后，才感觉放下了压力。

这种情况应该不少见，可是换个角度想想，自己有没有也这么对待客人呢？

虽说要客气，但人们忍受不了这种客套。

刚见面的时候互相寒暄客套一下没什么，如果一直这样就不好了。谈话主要是培养感情，彼此进一步了解，而挡在彼此间的墙恰巧就是客气话，如果这墙一直存在，我们就只能在墙的两侧互相敷衍。

通常，人们在第一次见面的时候都会比较客气，可是之后见面还是这样，还在用“阁下”“府上”这种词，必然无法建立真挚的友谊。

说客气话是为了表达你的恭敬和感激而已，因此别说太多，说多了会让人觉得虚伪。别人帮忙做了一件小事，好比说倒茶，一句“谢谢”就好了。有些时候，顶多再多说一句“对不起，又要麻烦你了”就够了，可有的人却说许多话：“呵，谢谢你，真对不起，这么件小事情也要你来帮忙，我很是不好意思，太感谢你了……”反而让别人感到不自在。

说客气话时要注意有诚意，态度要端正，要表现得不慌不忙。此外，也要注意身体的姿态，过分的点头哈腰、搔首弄姿很不雅观。

平时少说客气话，多点坦诚赞美，你会交到更多的朋友。

去朋友家时，你的表现如果自然不做作的话，朋友也会更加随和。如果你是主人，这种方法同样适用。

如果言语中缺乏诚意且刻板，不会有人爱听。“久仰大名，如雷贯耳”“贵公司必定会生意红火”“小弟才疏学浅，还请不吝赐教!”这些话都缺乏真情实意，从交际艺术的层面而言，是一定要改正的。

说话千万不能太虚伪，这也是不可缺少的谈话技巧。与其说无意义的“久仰大名，如雷贯耳”，倒不如说“你小说的叙述手法巧妙，描写生动，看完还想再看一遍”等话。假如恭喜他人生意红火，可以称赞他的经营手法。让人“不吝赐教”这就太夸张了，应该学其所长，向他提出几个专业问题，这样他反而更高兴。

一定要按照实际情况来说赞美之言。到朋友家，与其随便夸奖，不如称赞房间的布置，或赏析装饰的画册，或是房子的装修风格等。假如朋友养狗，你可以夸一夸他的狗；假如朋友喜欢金鱼，那金鱼也可以是你夸奖的对象。

“捧”对了，事情就办成了

求人办事时，为了拉近彼此的心理距离，更为了能办成事，我们不妨“捧”他几下。所谓“捧”，并不是“瞎捧”，也不是“乱捧”，而要因人而捧，因为每个人各有所短，也各有所长。

战国时期，韩国给大臣段乔25天的时间，让他负责修筑新城的城墙。有一个县拖延了两天，段乔就逮捕了这个县的主管官员，将其囚禁起来。为了救出父亲，这个官员的儿子找到管理疆界的官员子高，请子高去替父亲求情。子高答应了。

一天，见了段乔后，子高并没有直接要求段乔放人，而是和段乔共同登上城墙，故意左右张望，然后说：“这墙修得太漂亮了，真是了不起。功劳这样大，并且整个工程结束后又未曾处罚过一个人，真让人佩服啊。不过，我听说大人将一个县里主管工程的官员抓来审查，我看大可不必。整个工程修建得这样好，出现一点小问题又没什么，何必为一点小事影响您的功劳呢？”

段乔见子高如此评价他的工作，心中甚是高兴，又觉得子高的说法也合情合理，于是便把那个官员放了。

那个官员被放出来的原因就在于子高的求情。子高把一顶高帽子给段乔戴上，然后就事论题，深得要领，让人大声叫好。其实，一般人都存在顺承心理和斥异心理，容易接受那些合自己心意的东西。因此，顺应事物的发展规律，巧言游说，便容易成功。

有个公司的总经理结合自己的工作实践撰写了一本《经商之道》的书稿，部门经理称赞道："你真不该选择在企业工作，如果你专门研究经营管理，相信你一定会成为商务管理专家。"

总经理听完部门经理一席话，不满地说："你是指我不能胜任现在的工作，只有另谋他职了？"见总经理产生了误解，本来想给总经理"戴高帽"的部门经理吓得头冒虚汗，连忙解释说："不，不，不，我不是这个意思，我是说……"

还是秘书过来替部门经理打了圆场，说道："部门经理是想说您多才多艺，不仅本职工作抓得好，其他方面也非常出色。"

可见，同是"捧"一个人、"捧"一件事，不同的表达方法就会产生极为不同的结果。

"捧"不等于奉承，不等于谄媚。人通常都只看到别人的短处，看不见别人的长处，且把短处看得很重要，把长处看得很平凡，所以，往往会有"欲捧而已无可捧"之感。其实只要你能明白"人无完人"的道理，原谅他的短处，看重他的长处，可捧的地方多着呢！ 所以，要说服别人，就得找到可捧点，把他吹捧上天，从而达到你的目的。

求人时不妨多说几句恭维话

生活中，如遇见难以克服的困难，常常会求助于亲朋好友。 然而，求助的结果往往大不相同：有的人用词得当，说得被求助者心情愉快，使其愿意提供真心实意的帮助；而有的人因为谈吐不当，弄得被求助者心急气恼，不仅得不到帮助，反而有时还会伤了彼此间的和气。 由此可见，求人也是有学问的。

> 柯南·道尔几乎不给别人签名留念。
>
> 有一次，他收到一封从巴西寄来的信，信中说：
>
> “我很渴望能够有一张附您亲笔签名的照片，然后，我将它放在我的房间里。这样的话，我不仅天天可以看见您，而且我坚信若有贼进来，一看到您的照片，一定会被吓跑。”
>
> 收到信的当天，柯南·道尔就很爽快地给对方寄去了一张有亲笔签名的照片。

“吹喇叭得吹到点上。” 求人办事也一定要在小处着眼、虚处做功，挖空心思迎合所求之人。因此，只有说到对方心里去，对方才能心情舒畅，通身舒坦，所求之事也就好办多了。

生活中，要想让自尊心特强的人帮忙做事是非常困难的。要这种人主动地帮忙，必须针对他的自尊心，强调其能力，满足其优越感，这时候，他必会为你好好地努力一番。

在请求他人答应自己的要求时，应强调他在任何方面都比别人强，唯有他才能胜任。最重要的是让他觉得你不是随便找他帮忙的，所以，一开始便要说："我认为只有你才能办到。"或以无限信任的口吻说："只有你才有这个能力。"并做出"除你之外不做第二人选"的结论，那么他肯定会答应你的。

总之，求人办事时不妨多恭维他几句，这个方法既简单又能解决你的问题，何乐而不为！

生活中，朋友的鼎力支持和真诚赞美会让你觉得很舒服。但要记住的是：你的话必须由衷而诚实。如果得不到回报，这就表示朋友认为你的话不够真实，如果让对方觉察你的奉承别有用心，那么你给他的奉承就毫无价值了。

要有效地使用真诚的奉承，就得学会如何不着痕迹地奉承，千万不要在"奉承"中包含埋怨或其他的暗示性字眼。例如，你让你的某个朋友帮你做件事，但他老是忘记。有一天你发现他终于将这件事做好了，于是你说："很高兴，你终于做好了，真不容易啊。"这种做法就如同你给小孩一块糖又把它拿回去一样，还不如开始就不给。因此，真诚的"奉承"必须是单纯的，就事论事，更重要的是要说到对方的心里。如此一来，对方也就会答应你所求之事了。

好孩子是夸出来的

1.赞美或批评可以决定一个人的命运

“你笨得一无是处！”一位妇女对她的小儿子大声呵斥，声音之大，惊动了周围所有素不相识的人。受到训斥的小男孩神情沮丧。也许这只是一瞬间的事，可这样的事累积起来，影响力不可低估。这些伤人的话，说者无意，听的人则可能遭受到巨大的打击。遗憾的是，“你真蠢，什么事都不会做！”已成为不少人的口头禅。

马尔科姆·戴尔科夫强烈地反对家长们打击儿童的自信心。他从事作家职业已经24年，主要是从事广告写作。他认为，自己之所以有今天的成就，完全归功于年幼的时候受到老师的夸赞和鼓舞。

戴尔科夫小时候住在伊利诺伊州的罗克艾兰，因为没有依靠，所以胆小。1965年10月的一天，他的中学英语老师露丝·布罗奇给学生布置作业，要求阅读《捕杀一只模仿鸟》末尾一章之后，自己续写下一章节。

戴尔科夫写完作文交了上去。如今他已想不起故事的内容，也忆不起布罗奇夫人给他打了多少分。但他永远记住了布罗奇夫人在他的页边批下的四个字：“写得不错!”

这只言片语，鼓励了他，让他以后发生了巨大变化。

“我从不知道自己能干啥，将来做什么，”他说，“可因为老师的评语，我回家立马写了一篇短篇小说——这是我一直梦想要做但觉得不可能做到的。”

后来在校期间，他写了许多短篇小说，并总是带给布罗奇夫人评阅。她为人严肃而真诚，不断给他打气和鼓励。“她是最好的老师。”戴尔科夫说。

后来他成了这所学校的编辑。他由此越发自信，眼界也变得越来越宽阔，就这样，他开始了卓有成就的一生。戴尔科夫确信，如果不是因为老师对他的鼓励，他不可能取得今天的一切。

在他第30次出席母校举行的联欢会时，他去拜访这位曾经鼓励他的老师。他谈及当年她那四个字的巨大力量，并说也正是因为她给了他当作家的信心，他才得以把这份信心传递给另外一个女人，这个女人就是即将成为他妻子的另一个作家。

布罗奇夫人听了特别感动。“那一刻，我想我和老师都认识到了当年那几个字令人难以置信的分量!”戴尔科夫说。

2. 孩子们最需要的是赞美和鼓励

珍妮丝·爱德生·康诺利从教开始，课程进展得相当顺利。她下定决心坚持当老师就要有严厉的态度。然后，她上了这天的最后一堂课——第七堂课。

珍妮丝走向教室时，就听到奇怪的动静。在转角处，她看到两个男孩在打斗。

珍妮丝决心要插手这件事，忽然间，有14双眼睛盯着她瞧。珍妮丝知道自己看起来不太自信。这两个男孩互看一下，又看看珍妮丝，不情愿地回到自己的位子去。这时，对面班级的老师把头倚在门边，咆哮着要学生安静，叫他们照珍妮丝的话做。这让珍妮丝感到自己懦弱无力。

珍妮丝想要把准备的课程教给他们，却感受到了大家的敌意。课程结束后，珍妮丝叫其中一个斗殴的男生过来谈话，他叫马克。

“女士，别浪费你的时间了。”他告诉珍妮丝，“我们都是白痴!”说罢，留下珍妮丝，自己回家了。

珍妮丝深受打击，跌坐在椅子里，并怀疑她能否胜任这个岗位。像这样的问题可以解决吗?珍妮丝告诉自己：“我只吃一年苦头，在明年夏天我结婚以后就换工作。”

“他们让你头痛，对吗?”曾带过这些学生的一个老师问珍妮丝。

珍妮丝点点头。

“别担心，”他说，“我曾经接触过这些学生。他们只有14岁，大部分都没法毕业。别跟那些学生较真。”

“你是什么意思?”

“他们都住在荒郊野外的贫民窟里，是穷苦人的孩子。他们高兴时才来上学。今天被打的男孩骚扰了马克的姐姐——在他们一起摘豆荚的时候。今天吃午餐时我曾叫他们闭嘴。你只需管住他们别闹事就够了。如果他们再惹麻烦，就把他们送到我这儿。”

珍妮丝收拾好东西回家，还是忘不掉马克离开时的表情。

白痴?！那个词一直在珍妮丝脑海盘旋——她知道需要用些特别的方法。

第二天，珍妮丝要求其他老师不要干涉。她决定用自己的方式处理。

珍妮丝到了课堂上，扫视全班后在黑板上写下“ECINAJ”这个单词。

“这是我的名字，”珍妮丝说，“谁能说出它的含义?”

他们告诉珍妮丝，这是个怪名字，他们从没见过。珍妮丝又在黑板上写字，这次写的是“JANICE”，几个学生念出了这个字，送给她一个微笑。

“这是我的名字。”珍妮丝说，“我有学习上的障碍，医学上叫‘难语症’。我开始上学时，没法正确拼出我的名字。我不会拼字，更不用提数学。我被贴上‘白痴’的标签。没错——我是个‘白痴’。我还能想起别人的嘲笑，感觉那种难堪。”

“那你怎么做了老师?”有人问。

“因为我恨人家这么叫我，我并不笨，而且我喜欢学习。这是我这次要说的。如果你喜欢‘白痴’这个称谓，那么趁现在到别的班级去吧！这间教室里可没有白痴。”

“我也不会让你轻松如意，”珍妮丝继续说，“我们必须一起努力进步。你们会毕业，我希望你们有人会上大学。我们一定要做到！我再也不要听到‘白痴’这个词了。你们了解了吗？”

学生们开始有些变化。

珍妮丝和学生们确实很努力，他们终于赶上了进度。马克的表现尤其出色。她听到他在学校里告诉另一个男孩：“这本书真好。我不再看幼稚的书了。”他手上拿的是《杀死嘲笑鸟》。

过了几个月，他们进步神速。有一天马克说：“可是还是有人笑话我们，因为我们说的话不对劲。”珍妮丝终于等到这一刻了。现在珍妮丝开始了一连串的文法研习课程，因为他们需要。

6月到了，他们的求知欲依然强烈，但他们也知道老师即将离开去结婚。当她在课上提到这件事时，他们很明显地骚动难安。珍妮丝很高兴他们变得喜欢自己，也感觉到他们是不想让自己走。

最后一天来学校时，校长在学校入口大厅迎接珍妮丝。

“可以跟我来吗？”他坚定地说，“你那个班有点问题。”他领着珍妮丝往班上走。

珍妮丝担心出什么事了。

她太惊讶了！整个教室到处都是花，讲台上更有一个巨大的花篮。他们是怎么弄的？珍妮丝怀疑。他们大多家境贫寒，温饱都不能保证。

珍妮丝哭了，孩子们也不舍地哭了。

后来，珍妮丝终于弄明白。马克周末在花店打工，看见珍妮丝教的其他几个班级下了订单。他提醒了他的同学，自尊心很强的孩子们不想落后，于是马克请求花商把店里所有“不新鲜”的花给他。他又打电话给殡仪馆，请求帮忙把花送给一位离职的老师，于是他们答应把花给他。

那并不是故事的结束。两年后，14 个学生都毕业了，有 6 个还得到了大学奖学金。

有些人之所以不讨人喜欢，是因为我们决定不喜欢他们。如果我们站在他们的立场，信任他们，鼓励他们，赞美他们，那么就会与他们越来越亲近，他们也一定不会让你失望。

3. 满足孩子喜欢被承认的愿望

有一天，一位父亲带着一个自卑的孩子到心理医生那里去。那个孩子已经被严重灌输了“自己没有用”的观念。刚开始，心理医生无论用什么方法他都一言不发。因而心理学家一时之间也真是无从着手。后来，这位心理学家从他父亲的谈话中找到了医治的线索。

他的父亲坚持着说：“这个孩子一无是处，我看他是没指望，无可救药了！”

心理学家想到了治疗方法，找出他的长处——甚至可以说他在这方面具有聪颖的天赋，还颇有高手的意味。

他家里的家具被他刻伤，到处是刀痕，家长因而惩罚他。心理学家买了一套雕刻工具送给他，还送他一块上等的木料，然后让他学习系统的雕刻技术，不断地鼓励他："孩子，你是我所认识的人当中，最会雕刻的一位。"

从此以后，他们接触得频繁起来。在接触中，心理学家慢慢强化他的承认心理。有一天，这个孩子竟然主动去打扫房间，使所有人都吓了一跳。心理学家问他："你为什么这样做?"孩子回答说："我想让老师您高兴。"

人们都渴望着他人的承认，而夸奖别人一句并非难事。

4. 多给孩子鼓励和赞美

所有的母亲都坚信自己的孩子聪明过人，伍德太太也不例外。每次学校召开家长会，她都热心地去参加，想听到自己的两个孩子——特德和詹妮弗被表扬。凡是有特德参加的曲棍球比赛，伍德太太每场必到，她相信特德肯定表现优异。詹妮弗上完钢琴课或溜冰课后，伍德太太总是盼望能有老师的称赞，虽然结果往往令她失望。

当她的孩子还年幼时，伍德太太坚信他们都很优秀。特德两岁就能识26个字母。然而他上小学一年级时，却被分在"慢"组。伍德太太想和老师商量这事。

老师说："别发愁，特德会越来越好的。"

特德上五年级时，学习跟了上来，却仍十分平庸，并未超过其他同学。

当时，他决定参加学校的乐队，在购买器材时，售货员提醒他："双簧管很难学，你觉得单簧管可以吗？"

特德摇摇头："我要与众不同。"

伍德太太为他感到骄傲，这是他独特的财富。

特德开始学习乐器时情绪高涨，可后来愈练愈少。伍德太太不断地督促他，但最后他还是半途而废。伍德太太也就放弃了让他成为音乐家的念头。

伍德太太的第二个孩子詹妮弗是个文雅的女孩。她曾相信终有一天她会在体育界崭露头角。

有一天她从幼儿园回到家里大哭，伍德太太问她："怎么了，孩子？"

她抽噎着说："老师批评我短跑的方式。"

于是，在下一个星期，伍德太太带詹妮弗学习正确的短跑要领，可伍德太太却再也不期待她成为体育冠军。

一直以来，伍德太太常常鼓励孩子们什么都要试一试——体操、游泳、滑冰、音乐。虽然他们尚未显示出特殊的才能，但她相信他们不同凡响，她一向鼓励他们尽力发挥所长。

伍德太太主张：母亲都应该给孩子信心。让孩子知道你相信他们会出人头地，孩子需要这种支持，因为他们缺乏自信心，人们的掌声能鼓舞他们，而母亲的赞美和鼓励将鞭策他们前进。

赞美要因人而异

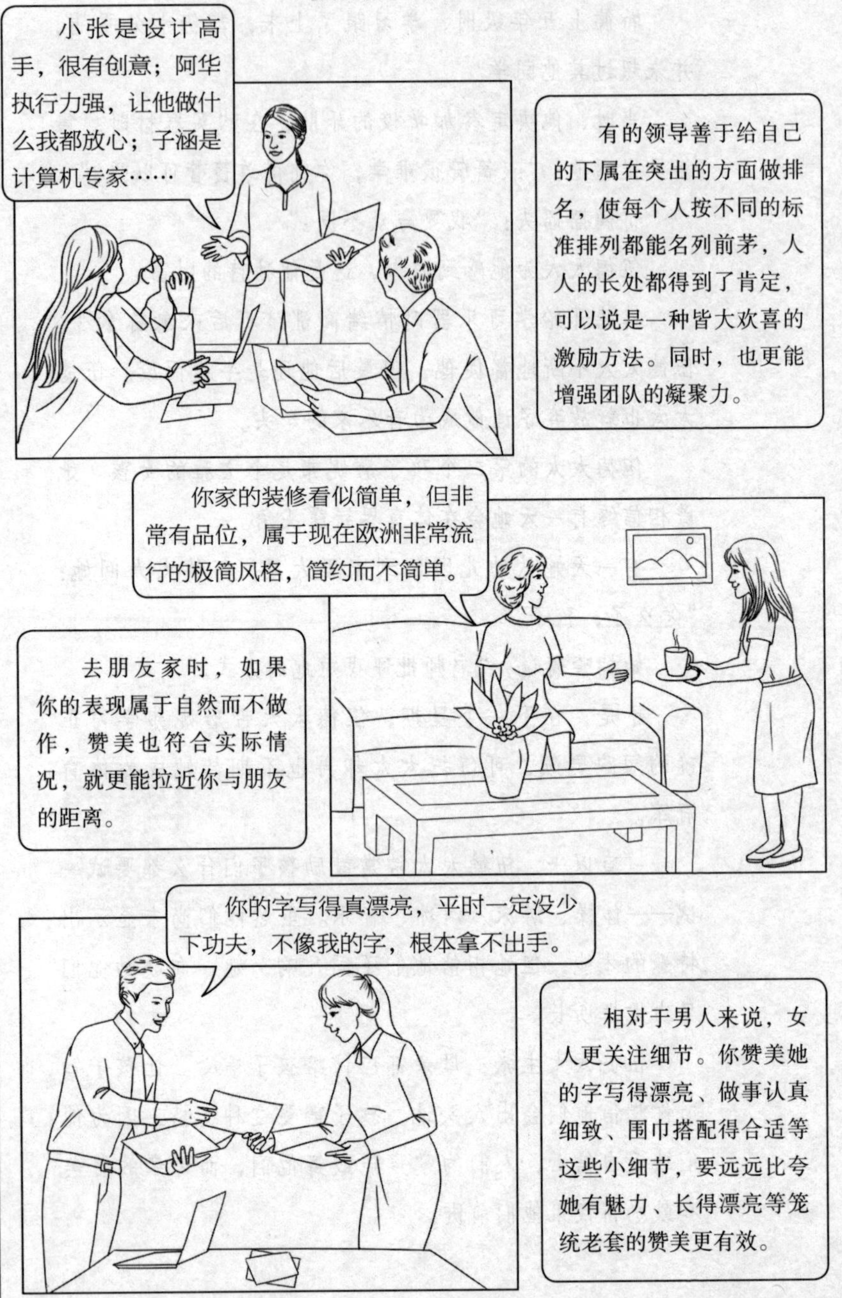
小张是设计高手，很有创意；阿华执行力强，让他做什么我都放心；子涵是计算机专家……
有的领导善于给自己的下属在突出的方面做排名，使每个人按不同的标准排列都能名列前茅，人人的长处都得到了肯定，可以说是一种皆大欢喜的激励方法。同时，也更能增强团队的凝聚力。
你家的装修看似简单，但非常有品位，属于现在欧洲非常流行的极简风格，简约而不简单。
去朋友家时，如果你的表现属于自然而不做作，赞美也符合实际情况，就更能拉近你与朋友的距离。
你的字写得真漂亮，平时一定没少下功夫，不像我的字，根本拿不出手。
相对于男人来说，女人更关注细节。你赞美她的字写得漂亮、做事认真细致、围巾搭配得合适等这些小细节，要远远比夸她有魅力、长得漂亮等笼统老套的赞美更有效。

中篇

会幽默：跟任何人都聊得来

扫码点目录听本书

第一章　用幽默提升形象，到哪里都受欢迎

扫码点目录听本书

在幽默中提升魅力

具有怎样特点的人才更吸引他人呢？ 一般人会说友善、热情、开朗、宽容、富有、乐于助人、幽默、有责任感、工作能力强等许多特征，但相关专家提出：在这些所有特征中最重要的莫过于幽默了。 这并不是说其他的特征不可贵，只是在人与人的交往过程中没有太多的机会展示那些特质。

假若把各种优良特质比作钻石的各个侧面，幽默感则是钻石直接面向我们的那一面，可以直接折射出智慧的光辉。

在古代，“桃李不言，下自成蹊”是为人称道的交往观念，意思是说：桃树、李树虽不说话，却因为它们的鲜花和果实而把人们都吸引过来，以至于树下都被踩出了小道。

在当今社会中，人与人的交往强调以吸引力为基础，即使你再优秀、再能干，如果你不会“自我展示”，也不太容易引起他人的注意。

在有限的时间和空间之内，哪怕是初次见面和一次晚餐，幽默都能让你一展才华，从而给人留下深刻印象。

幽默的特征之一是温和亲切，富有平等意识和人情味。学会运用幽默的方式，能够提升你的个人品位和绅士风度。

巴顿将军由于职业和性格的关系，他对自己家庭的内部管理，也采取了准军事的模式，凸显巴顿的风格。

儿子的卧室——写的是“男兵宿舍”。

女儿的卧室——写的是“女兵宿舍”。

客厅——写着“会议室”。

厨房——写着“食堂”。

那么，他们夫妻的卧室应该挂上一块“司令部”的牌子吧？

可是没有。那上面写的是——“新兵培训中心”。

能够在施展幽默时保持平稳的情绪，有绅士风度，能够控制好各种情绪波动，将幽默的语言平淡地说出来，这是高手。因为越是这样，越能和一般的幽默所产生的效果形成强烈反差。因此，温和亲切不仅能提升自己的品位和风度，更能增强语言的幽默效果。

幽默能带给你意想不到的吸引力。你总是可以在幽默中发现睿智的光芒。思路清晰、反应敏捷、妙语惊人是具有幽默感的人的共同特征，他们总是可以从容地面对各种纷繁的场合。下面就以几个竞选的故事，来展现一下具有幽默感的人是怎样用其独特的魅力来保护自己、赢得胜利的。

加拿大的一位外交官斯切特·朗宁，生于中国湖北襄阳，是喝中国奶妈的乳汁长大的。他回国后，在30岁时竞选省议员，当时反对派多次诽谤、诋毁他说：“你是喝中国人的奶长大的，你身上一定有中国人血统。”

朗宁沉着地回击道：“据权威人士透露，你们是喝牛奶长大的，你们身上一定有奶牛的血统。”这真是绝妙的反击，同时又展示了他的机智，朗宁最终赢得了竞选。

约翰·亚当斯参加美国总统竞选时，共和党人指控亚当斯曾派竞选伙伴平克尼将军到英国去挑选四个美女做情妇。其中两个给平克尼，两个留给他自己。约翰·亚当斯听了哈哈大笑，说道：“假如这是真的，那平克尼将军肯定是瞒过了我，全部独吞了！”

如果当时亚当斯怒不可遏指责对方的不义，不但不能解释清楚，反而会“越描越黑”。以幽默的语言作答，这种反击不是更加有效吗？最终亚当斯凭借着他的机智、才干和令人羡慕的幽默感当选了总统，并且成为美国历史上著名的总统。

运用幽默，可以让你口吐莲花，舌绽春蕾。

几个朋友交谈，急性子的甲总是打断乙的话，使乙无法完整地表达出意思。这时乙站起来说：“对不起，说话要排队，请不要中间插队好吗？”

这句话把大家的注意力都吸引到乙身上来了，甲发现乙抢了他的风头，急中生智，也来了一句：“请不要扳道岔！我现在重播一遍自己的观点。”

甲运用幽默的力量表现了自己，扳回了一局。

可是乙又接着说："那好，我也把自己加了着重点符号的意见再说一下。"

在这样的层层幽默的推进下，不仅在场的每一个人都受到了感染，甲乙二人也在幽默的互动中展现了自我的非凡魅力。

在当代家庭中，丈夫的事业常需要妻子出面帮衬，以求事半功倍之效。

有一位丈夫，常在晚上把客商带到家里来，让妻子准备饭菜，边吃边谈生意，不到夜深人静不收场。时间一久，妻子吃不消了。尤其有了小孩之后，又操持家务又带孩子，女主人被疲劳压得透不过气来。

后来，她想出了一个好办法，就近找了家小饭馆，丈夫把客人带来时，妻子也出面接待，入席坐定后，她还为每个客人夹菜，一边笑着说："希望筷子的双轨，能给各位铺出一条财路！"

然后说明自己要回家照顾孩子，转身告退。

这位贤内助美好得体的举止，赢得了客人的欢迎，也博得了丈夫的满意，因为她很好地表现了自己。

要想运用幽默手段表现自我，重要的是要懂得临场发挥，抓住每一个机会为自己所用。像上面的例子就是如此。只要你有足够的智慧，懂得如何随着情境的变化而表现幽默，那么，生活中的每一个瞬间都是你表现自我的舞台。

在美国一个大饭店里，侍女在为一位顾客端上来一份芥末土豆糊时，顺便问道："您是干什么的?"

"我是葡萄牙国王。"

"噢。这个工作倒不错!"

这位侍女幽默地将当国王看作是一项工作，把自己上升到了和国王平起平坐的地位，很好地表现了自己。

幽默是展现自我魅力的极佳方式，只有具有幽默感的人，才能在社交场合中赢得他人的青睐和喜爱。

幽默的人总受人欢迎

我们毫不怀疑幽默的力量，可以说，幽默可以让你像明星一样受欢迎。在生活中，虽然我们没有看见过明星出场的真实场景，但在电视上却见过不少，那些粉丝的欢呼声、喝彩声一片接着一片。在现实生活中，幽默的人虽然不会受到这样热烈的欢迎，但是，受人喜欢倒是常事。现代社会，人际关系越来越复杂，许多人整天不是扑克脸，就是苦瓜脸，长此以往，就连身边的朋友也不会上门，更别说财神爷了。我们经常强调"人生无处不销售"的概念，不仅仅销售商品，还要把自己推销出去，而且要销售出一个"好价钱"，让大家欣赏你，肯定你，欢迎你，想要认识你，希望跟你做朋友。当然，如果你正好是一个富于幽默的人，那你就可以在人际关系中享受明星般的待遇了。

有一次，英国首相、陆军总司令丘吉尔去视察一个部队。由于刚下过雨，路很滑，他在临时搭起的台上演讲完毕下台阶的时候，不小心摔了一个跟头。士兵们从未见过自己的总司令摔过跟头，都哈哈大笑起来，陪同的军官惊慌失措，不知怎么办才好。

没想到，丘吉尔微微一笑说："这比刚才的一番演说更能鼓舞士兵的斗志。"最后的确如丘吉尔所言，士兵们对总司令的亲切感、认同感油然而生，更坚定地听从总司令的命令，英勇战斗。

不管你是善用幽默化解尴尬，还是善用幽默制造气氛，只要你是一个具备幽默感的人，那就会是一个受欢迎的人。因为幽默的人是快乐的，并能带给我们快乐，而谁也无法拒绝快乐。

幽默，可以使人与人之间积极交往，可以降低紧张，制造轻松的气氛；可以帮助人找到冲突和情绪困扰的原因；可以用安全不带威胁的方式表达内心的冲突。在生活中，那些具有幽默感的人，往往可以挖掘出事情有趣的一面，可以欣赏到生活中轻松的一面，从而形成自己独特的风格和幽默的生活态度。而且富于幽默的人，容易让人产生亲近的念头，并使那些接近他的人感受到轻松愉快。因此，幽默的人总是那么受欢迎。

幽默使你万众瞩目

幽默的语言通常能给听众带来快乐。 在日常交际中，我们可以融入自己的幽默，这样一方面可以调节听者的情绪，另一方面还可以展现自己的语言魅力。 不仅如此，幽默还可以使我们万众瞩目。 或许只是短短的几句话，就可以令人对你刮目相看，印象深刻。 试想，在一个大的舞台上，你说几句风趣的话，惹得台下观众笑声连连，掌声、欢呼声不断，这岂不是万众瞩目？在日常交际中，我们都希望自己一出声就可以引得人们的关注，一现身就可以受大家的喜欢，其实，我们是可以做到的，所需具备的条件之一就是幽默。 假如你能恰当地表现出自己的幽默风趣，那你绝对可以成为受欢迎的人。

在2000年8月举行的南部非洲发展共同体首脑会议上，曼德拉妙语连珠，一连串的幽默话语征服了上千名与会者。曼德拉作为南非前总统出席开幕式，主要是为了接受南共体授予他的“卡马勋章”。他走到讲台前说：“这个讲台是为总统们设立的。我这位退休老人今天上台讲话，抢了总统的镜头。我们的总统姆贝基一定很不高兴。”话音刚落，笑声四起。这时，主持人为他搬来一把椅子，请他坐下演讲。他在谢过主持人后说：“我今年82岁，站着讲话不会双手颤抖得无法捧读讲稿，等到我百岁讲话时你再给我把椅子搬来。”会场上又是一阵笑声。曼德拉在笑声过后开始正式发言。

讲到一半，他把讲稿的页次弄乱了，不得不来回翻看。他脱口而出：“我把讲稿页次弄乱了，你们要原谅一位老人。不过，我知道在座的一位总统，在一次发言时也把讲稿页次弄乱了，而他自己却不知道，照样往下念。”这时，整个会场哄堂大笑。“其实，讲稿不是我弄乱的，秘书是不应该犯这样一个错误的。”结束讲话前，他说，“感谢你们把用一位博茨瓦纳老人名字命名的勋章授予我这位老人。我现在退休在家，如果哪一天没钱花了，我就把这个勋章拿到大街上去卖。我肯定在座的一个人会出高价收购的，他就是我们的总统姆贝基。”这时，姆贝基情不自禁地笑出声来，连连鼓掌，会场里掌声雷动。

曼德拉幽默的语言调动了人们的情绪，在那种场合，每个人都是极为严肃的，所以在场的人们也不会过多地关注某个人。但是幽默的语言可以给大家带来欢乐，也可以调动他们倾听的积极性。在这个故事中，曼德拉就是舞台上那个受万众瞩目的人，自然，他也是最受欢迎的人。

有个人才三十多岁，可是却一根头发也没有了。

一天，他来到一家生发水专卖店，让营业员给他推荐一款生发水。

营业员拿出一瓶生发水，对他说："这是我们刚到的新货，一天卖好几瓶呢！"

他拿过来，边看边问道："效果怎么样？"

营业员说："这样跟你说吧！前几天，有个妇女来买生发水，我给她推荐了这款。她没法打开瓶盖，就用嘴咬，液体不小心沾到了嘴上。三天过后，你猜怎么着？她居然长出了胡子。"

营业员显然夸大了事实，但是却收到了宣传产品的效果，可见她的聪明和幽默。夸张是为了强调事物的某种特征而故意言过其实，或者夸大事实，或缩小事实，让听者对所表达的内容有一个更深刻的认识和理解。

在现代社会，社交已经具有越来越重要的作用，人与人之间成功的交往，就是让彼此喜欢，彼此信任，愿意相互帮助、相互支持。虽然，赢得社交成功的方法有很多，不过，幽默的作用却是其他任何方法都无法取代的。幽默，可以让你成为当之无愧的万人迷。

幽默有一种绝妙的影响力

有人曾在网络上发表了一篇名为《做爱的经济学分析》的长帖，从经济学的角度分析了男女之间这个感性的问题，虽谈男女之事，但干净得很，行文幽默诙谐，一举成为网络上著名的热帖，影响力甚大。虽然作者的出名与网络有着莫大的关系，但就目前铺天盖地的网络文学而言，一个文学作品若是没有什么看头，会凭空出名吗？在这篇帖子中，幽默诙谐是最大的看点，当人们忙了一天休息的时候，若是看看诙谐幽默而不用动脑筋的故事，该是何等快乐。笑容会驱散一天的疲惫和辛苦。在生活中，一个具有幽默感的人，其幽默的语言和行为会一传十、十传百。比如王朔的冷幽默和他出了名的京腔，那在文学界就是一块招牌。假如幽默的语言行为中有其思想、观点，那就会有许多人来传播他的思想、观点，那么他所想表达的信息也就被别人了解了。不管别人接不接受，但影响力确实达到了。

富翁的一个贴身厨子，手艺实在好得没话讲，他为主人烹饪了十几年，却从未得到主人半句诚心的赞美。

这一天，他实在忍不住了，午餐就做了一道“单脚烤鸭”，味道美极了，主人吃得津津有味，但忍不住问厨子：“奇怪，这只烤鸭怎么只有一只脚呢？”厨子回答道：“我们家养的鸭子都是一只脚的呀，不信的话，您到后院去瞧瞧！”富翁心想哪有这回事？决定到后院一探究竟。

后院养了许多鸭子，中午时分都在休息呢！鸭子休息时，原本都是一只脚站着的，富翁看了呵呵笑着，就拍着手大声吆喝作势驱赶，只见一只只鸭子“呱呱呱”地放下脚来，摇头摆臂地跑开，富翁回头对厨子说：“哪来的单脚鸭？你看看，下面都是两只脚嘛！”厨子说：“原来是一只脚的，不过您给它掌声，它就变成两只脚了！”

构成一个人影响力的因素有很多，不过，幽默却是一个不可忽视的因素。在现实生活中，人们的生活形式是固定不变的，或者说在一段时间里是固定不变的，不管你是有一定影响力的人，还是想成为一个有影响力的人，我们都不能否认幽默的作用。我们的生活总是周而复始，我们难免会产生厌倦，而对生活形态进行改造的一种行之有效的办法就是培养和发掘自己的幽默感。因为幽默会使枯燥乏味的生活发生变化，会使按部就班的工作变得有趣，从而让人感觉不到沉闷。

第二次世界大战前，美国国会议员因为军方提出的B－12轰炸机研制计划而争论不休，支持该项计划的罗斯福总统为了说服议员费了很多口舌，还是没有显著效果。

眼看这项议案就要流产了，情急之中的罗斯福不再用严密理性的说辞来做工作，他说：“说实在的，对于B－12轰炸机我们都不是特别了解，但我想，B－12是人体不可缺少的维生素，既然现在军方需要B－12轰炸机，我想对于他们来说一定是不可缺少的。”

结果，这项议案居然通过，而B－12轰炸机在后来的第二次世界大战中可谓战功赫赫。在许多人看来，国会会议上肯定只会说一些严肃的理论，所讲究的是理性、逻辑，与会者所列举的绝对是精确的数字，因为这样才能为自己的论点提供有力的依据。不过，当我们总是靠事实和道理说话却还是不起作用的时候，该怎么办呢？像案例中的罗斯福总统一样，幽默一下，很轻易就改变了许多人的态度。我们不用去追究那些议员最后是如何被说服的，但我们应该明白一点：罗斯福那有趣的比喻在某种程度上缓和了双方阵营的矛盾，这样有助于双方平和理性地去理解对方的意见和观点，而不至于在盲目的对立中做出错误的决定。

曾经有一位病人因牙疼去看牙医，牙医看了看后说："这颗牙已经被严重蛀坏了，无法做根治，需要整颗拔掉！"病人问："请问拔一颗牙要多少钱？"牙医回答说："600 元。"病人一听大吃一惊，说："什么？拔一颗牙只需短短几分钟就要收 600 元！"牙医冷笑道："如果你要慢慢地拔也可以，我可以慢慢地帮你拔，拔到你满意为止。"

交际的目的在于可以成功地赢得他人的好感与信任，这本身就是一种人际影响力。当我们学会了幽默，就会变得受人欢迎，甚至赢得无数的掌声。因为幽默可以消除人与人之间的敌意，它可以营造出一种亲近的人际氛围，而且有助于自己和他人变得轻松，从而消除工作中的疲惫感和劳累，于是，无形之中我们就扩大了自己的影响力，渐渐地，我们在别人的眼中，就会变得可爱，更容易让人亲近。

会幽默，全世界都欢迎你

如果你希望引人注目，希望社交成功，你就应该学会给别人来点幽默，来点共同的笑。

夫妻间的是是非非、恩恩怨怨不是用某种道理能讲得清的，也不能简单地以“是非对错”来判断，如果善用幽默，就可以轻松化解矛盾。

幽默是快乐的催化剂，它可以帮我们摆脱种种烦恼。在生活中，多一点幽默感，少一点气急败坏；多一点乐观豁达，少一点你死我活，以幽默的力量来引导自己的生活与事业，你就会获得幸福。

第二章　职场幽默，让工作成为快乐的事

应聘时可以幽默一把

面对日益饱和的人才市场，谋职困难是无可辩驳的事实，这对每个求职的人来说，都是一场考验和一种挑战。想要在强手如林的人才市场脱颖而出，迈进理想的职业大门，一个最重要的条件就是具备成功的自我推销术。依靠推销口才展示自我个性和特长，以打动招聘者，这样才能顺利地找到一份适合自己发展的工作。因此，在应聘面试时，表现得幽默是一种明智之举。

在应聘面试中，适当的幽默风趣的语言会表现你的优雅气质和气度，也会给谈话增加轻松愉快的气氛。一个得体的玩笑、一件轶事或一句妙语，会使一次颇为严肃的应聘面试变得轻松活跃。尤其是当你遇到难回答的问题时，幽默的语言会反映出你的机智和聪明，给人以好感，从而使你化险为夷。

比如主考官问你这样一个问题："广告对商业有什么益处？"

如果你这样回答："做生意没有了广告，就像一个人在黑暗中向一个女孩子传递秋波。除了他自己，谁也不知道他在做什么。"

主考官一定会欣赏你的幽默、风趣和机智，给你的面试打高分。

推销自己的时候，要突出自己的特色，抓住自己最能打动别人的优点，而幽默常常能助你一臂之力。

在一次评选"香港小姐"的决赛中，为了测试参赛小姐的思维速度和应对技巧，主持人提出了这样一个难题："假如你必须在肖邦和希特勒两个人中间选择一个作为终身伴侣的话，你会选择哪一个呢？"

其中有一位参赛小姐是这样回答的："我会选择希特勒。如果嫁给希特勒的话，我相信我能够感化他，那么第二次世界大战就不会发生了，也不会有那么多人家破人亡。"

这位小姐的巧妙回答赢得了人们的掌声。因为这个问题难度较大，如果回答"选择肖邦"，则答案没有特色，显得平淡。如果回答"选择希特勒"，则很难给予合理的解释。这位小姐选择了出人意料的答案，又给出了合理而又充满正义感的回答，从而成功地推销了自己，以幽默、机智给观众和评委留下了深刻印象。

现代人都懂得推销自己，虽然能力的高低是重要的决定因素，但推销方法高明与否则往往是成败的关键。有些人颇具才华，却不能给人留下好印象；有些人在自我推销的过程中加入了幽默的成分，收到了良好的效果。

鲍勃受正规教育的时间不长，他在高中二年级时辍学，一心只想成为明星，便动身到好莱坞寻找机会。一开始，鲍勃跟一般人一样，填写履历、参加面试，但或许是由于他的年纪真的太小了，连续参加了几家电影公司的面试，考官都毫不留情地拒绝了他。安慰的话大多是要他过几年成熟一点时，再来试试看。

鲍勃心想，这样下去不是办法。为了圆自己的明星梦，他决定用不一样的方式来对付那些难以打动的面试主考官。

最后一次面试机会，鲍勃经过漫长的等候，终于进到主考官的办公室。坐在长桌另一端的西装笔挺的考官们，似乎已对这些面试者失去了耐性，一见到鲍勃走进办公室，便很不客气地直接问他："你的资料我们都看过了，不用再多说了，你自认为最擅长的表演是哪一项，请简短回答。"

这样的面试，正好对上鲍勃的胃口，他很快回答道："我最擅长的表演，就是让人捧腹大笑！"

主考官一脸不屑地道："让观众笑，你有这种本事吗？现在马上给我当场表演，越快越好，越短越好！"

鲍勃早就决定了不按常理出牌，当下毫不犹豫，立刻转身打开办公室的房门，对着外面的其他面试者大叫：

"喂！你们都可以回家吃饭了！他们已经决定录取我啦。"

这一出奇制胜的高招，让鲍勃找到了第一份演艺事业的工作，也奠定了他日后大放异彩的成功基础。后来，鲍勃·霍伯成为风靡国际的幽默表演明星。

总之，幽默地推销自己将是你事业成功的开始。我们要在个人的发展道路上迈出第一步，就要用幽默作为其中的助推器。

一位求职者来到麦当劳。在面试的时候，对方一脸严肃，问道："我看过你的简历，你以前并没有在餐饮业供职的经历。请问，你为什么会选择来我们公司？"

求职者微微一笑，开口唱道："更多选择更多欢笑，就在麦当劳！"

老板先是一怔，接着就笑了，随后问了他一些对麦当劳有什么了解之类的问题，就录用了这位求职者。

一个完全没有相关行业经历的求职者竟然清唱一曲就可以在麦当劳谋职，这并非无稽之谈。细细品味之余，我们不难发现其中的玄妙。这一句家喻户晓的广告词达到了一举四得的效果：其一，化解了老板尖锐提问所带来的紧张，让气氛变得轻松；其二，回避这个最难回答得圆满的问题；其三，言简意赅又不落俗套地回答了对方的问题——因为贵企业能给我更多的选择机会，在工作中我会感到快乐；其四，向面试官传达了这样一个信息——我是个有心人，我关注贵企业，更认同你们的企业文化。

而应聘时，使用幽默的关键在于与众不同，而不能人云亦云，否则难以脱颖而出。

一位应聘者在竞聘某体育杂志编辑职位的面试中，出现了一段精彩的对话。

招聘经理问他："评价一下罗纳尔多和乔丹，你认为他们哪个更优秀？"

这位应聘者虽然是个体育爱好者，但并非是这两位的"粉丝"，所以很难说出对他们的评价，于是，他没有直接回答，而是幽默地说："我觉得他俩都没我厉害！"说完便露出了得意的神色。

"哦？"招聘经理非常诧异，露出了期待下文的表情。

"我想如果罗纳尔多跟我比赛打篮球，乔丹跟我比踢足球，我一定能赢了他们！"应聘者边说边配合着握拳的手势。

这位经理录取了这位应聘者，原因很简单，应聘者独辟蹊径的回答虽然有点诡辩的嫌疑，但确实与众不同，并透出了无限的智慧。关于"关公"与"秦琼"，本是无法决出高低胜负的，应聘者巧避锋芒，从另一个角度得出了一个让人意外的结论，吸引了招聘者的注意，同时又让自己占据了主动地位，自然而然解释出其中的缘由，展现出自己的自信和机智。这在众多规规矩矩的回答中可谓独树一帜，自然获得了招聘者的青睐。

在一次电视台主持人招聘面试中，考官问一位前来面试的女大学生：“三纲五常中的‘三纲’指什么？”

这名女学生颇为自信地顺口答道：“臣为君纲，子为父纲，妻为夫纲。”

她刚好把三者关系颠倒了，引起了众多考官的窃笑。一个年长的考官善意地提醒她：“说反了吧，放松些，不要太紧张。”

女学生镇定自若，不苟言笑地说：“没反呀，我指的是现代社会新‘三纲’，我们国家人民当家做主，人大代表的意见最重要，当然是‘臣为君纲’；众所周知，计划生育产生了大量的‘小皇帝’，这不是‘子为父纲’吗？现如今，‘半边天’的权利逐渐升级，‘妻管严’在社会上广为流行，难道不是‘妻为夫纲’吗？”

这位女学生机敏幽默的回答，征服了所有考官，最终使她顺利通过了面试。

由此看来，在面试的时候，适当地运用幽默何其有用，它不仅可以让一场陷入困境的面试得以延续，还有可能让招聘方忽略你先前笔试或是其他条件上的不足。

有些时候，在面试的过程中运用幽默的技巧，可以起到画龙点睛的作用。想在众多的竞争者中脱颖而出，富有创意的思想加上幽默的力量是必不可少的条件，恰到好处的幽默往往能够使应聘者得到认可。创造力加上幽默的力量，可以让我们更有弹性地去处理事情。

面试是求职者面临的第一道难关。面试能否打动对方，取决于求职者的语言表达能力。此时的幽默就像是一块敲门砖，能助你打开成功的大门。适度的幽默就像是一根闪着金光的魔杖，轻轻地挥舞着它，能够引领你走进理想的职场。

怎样与幽默型领导相处

传统观念中，领导给下属的感觉往往是不苟言笑、不怒而威。事实上，很多现代企业的主管却正好相反，他们在年轻化、时尚化的环境中自诩为“新人类”，热衷于跟下属打成一片，不但很少摆架子，还经常谈笑风生，“工余饭后”妙语迭出，有时甚至还来点冷笑话，让大家笑得直捧肚子。这种领导被员工们亲切地称为“幽默型领导”。

领导幽默本来不是什么坏事情，但很多时候，下属会因为不知道如何与“幽默型领导”相处而苦恼。

> 人力资源主管老孙跟几位员工一起吃饭，几杯老酒下肚，员工小王就开始向老孙诉苦：“昨天晚上我们加班，总经理一进门就给我们讲了个互联网上的陈年段子，这东西大家都看了N回了，当时怎么也笑不出来，可还得装出忍俊不禁的样子，在他抖包袱时还得

看准机会哈哈狂笑一阵。”旁边的员工也叹道：“我们陪老总加班已经够累了，还得赔笑，做个好员工可真难啊！”

老孙是过来人，深知“百姓疾苦”，借着微微醉意，他也实话实说：“我跟一把手在一起时，万一他要兴致来了，我也是如临深渊啊！不过话又说回来，既然领导自以为有幽默感，我们就‘曲意逢迎’好了，只要技巧运用得当，还是能哄得领导开心不已！这对大家都好。”

“你是怎么做到的？”大家一副愿闻其详的样子。于是老孙就开始兴致勃勃地为大家讲了起来。

1. 面试时遇到幽默考官

考官面试的时候，如果经过踏破铁鞋的辛苦寻觅，“终于相中了一匹好马”，很容易会兴奋得不由自主地讲些题外的笑话。

识时务者为讨老板欢心，自然也识相地把幽默效果夸张，明明是嘻嘻一笑却“倍增”成捧腹大笑。不只是要掩着嘴巴咯咯笑个不停，还要表现得自己被逗得不能自持，最后还不忘恭维一句：“经理，您可真是一个平易近人又有幽默感的好领导啊！”

平日感慨“弦断有谁听”的领导，如今受到“知音”如此追捧，霎时间就觉得自己是卓别林再世、周星驰的兄弟，必定马上拍板说：“明天来上班吧。”

2. 试用期的顶头上司

能否讨好顶头上司，对一个新人来说可谓是至关重要，是去是留，别人说了不算，唯有顶头上司的评语最有“杀伤力”。

这段时期，如果你的顶头上司偶尔主动离开自己的办公室，走到你所在的办公区来讲幽默故事，不管“笑”果如何，你一定要不失时机哈哈大笑，仿佛上司是“可口可乐”，张嘴就能逗乐人。顶头上司看到你们被逗得前仰后合，会以为大家都听懂了他的笑话，自己不禁会洋洋得意，脑门还可能会比喝了酒还热。新人中脸皮最厚者甚至还会当着“老大”的面，把笑话再给旁边没听到的同事复述一遍，让后者接力演下去，直至笑声蔓延到每个办公桌。

等试用期一过，最有幽默细胞的新员工很有可能得到“沟通能力强、团队精神强”等好评语，乃至利索地成为顶头上司的“心腹”、公司重点培养的对象。

3. 稳步上升时期的幽默员工

处于稳步上升时期的员工，一般是在公司打拼了一段时间的“老人”，都已经深谙与幽默型领导相处之道。这时候你的身份，就相当于相声表演中的“捧哏”。

要扮演好“某乙”的角色，跟“某甲”一唱一和的诀窍，绝非插科打诨、奉承附会、拍手大笑那么业余。这个为上司“系包袱”的光荣任务相当艰巨：“某乙”应在“某甲”讲故事的过程中一再打岔、反复追问，而“某甲”却偏偏答非所问，把听众带到与真相迥然不同的境地中去。如此反复，当疑云重重、误会迭起、听众的胃口被推至顶点，也就是包袱扣子系牢时，“某甲”才一语道破，干净利索地抖响包袱。

注意：当众人爆发出大笑以前，“某乙”是绝对不能先笑的，甚至在包袱抖完以后，还得装着仿佛“不太明白”，不断重复那个引起一系列误会的关键词，继续为大家“挠痒”。

4. 进入瓶颈时期之后

在公司待了四五年，下属跟领导的关系好比中年夫妻了，虽然没有情感裂痕，但激情燃烧的岁月却早已逝去。如果偏偏遇到公司效益欠佳，薪水几年不见涨且各种奖金福利相继被砍，员工不但升迁无望同时还要担心被“精简”，这时候领导手里再也没有什么可以“激励”下属的甜头，下属则更有理由得过且过、敷衍了事。此时领导讲笑话，下属可能连嘴角都懒得翘，有些人还会“残忍”地实话实说：“这个笑话根本不好笑。”领导可能会以为下属们的幽默细胞死光了，其实是下属们从来都没有什么幽默细胞，昔日的大笑完全是出于奉承！

5. 准备辞职时期

某次宴席酒酣耳热之际，领导兴致一到又开讲了，结果一位优秀员工打断说：“这个笑话是老段子了，一年前我就听过。今天让我来讲个新段子。”众人心领神会，听罢新段子齐声“嘎嘎”开怀狂笑，“失宠”的领导被冷落在一边尴尬地干笑。此时尝到坐冷板凳滋味的“老大”也许能猜到：在座诸位也许早就做好跳槽的准备了，只差正式递交辞呈而已。

获得赏识的幽默术

勤奋工作是赢得业绩的基础，而工作业绩是否获得认可主要由上级领导决定。因此，能不能赢得上级领导的赏识、肯定和支持决定着能不能获得荣誉。对于许多职员来说，最大的苦恼莫过于努力工作，却得不到领导的赏识。美国人力资源管理学家科尔曼说过："职员能否得到提升，很大程度不在于是否努力，而在于老板对你的赏识程度。"那么，怎么才能脱颖而出呢？对这个问题很苦恼的人或是想要有一番作为的人，可以在与领导交流时试试化严肃为幽默的交流方法，或许有收获。

> 某公司开始实施销售业绩倍增计划时，主管召集下属严厉地训话："各位，现在是我们加油的时候了。从明天开始，早上七点半大家就要到这里集合。八点钟一响时，大家就要立刻到外面去推销！"大家都不满地抱怨时间太早。这时有位凡事讲求效率和正确性的员工，不慌不忙地反问道："请问，是时钟开始敲八下时，还是敲完八下才往外跑？"

主管过于严格的要求可能会招致他人的不满，这时上面这位聪明的员工就使用幽默的语言把众人的注意力转移到自己的身上，使尴尬紧张的气氛轻松下来。员工的这个幽默既帮了主管的忙，又使主管看到他较强的时间观念，从而获得主管的赏识。

领导不论身居什么样的要职，也都是人不是神，他一样会有普通人的喜怒好恶，也可能在个人喜怒好恶的支配下说出一些令人尴尬的话，做出一些招致误解的举动。此时，下属应抓住人们对领导言行错愕不解的心理，采取适当的举动顺水推舟，把领导无意说出的过于直白、犀利的话朝幽默的方向引导，使人们紧张的情绪得到放松。这就让领导觉得你是和他站在一边的，你自然也就获得了领导赏识和信任。

要想获得领导的赏识，幽默可以起到一定的作用，不过要想从根本上解决问题，还需要你对自己的客观情况进行深入思考。如果你工作得很辛苦，但却没有效率，得不到领导的赏识，也是可以理解的。如果你的工作有成绩，同伴中谁都比不上你，同时考虑你的工作是否属于那种经常加班、特别辛苦忙碌的工种，如文秘人员、勤杂人员等，而如果以上情况都不是，那你就必须另想办法以引起领导的注意，改变其错误的做法。假如仍然不起作用，你就要考虑离开该企业，去寻找能实现你个人价值的工作单位。

用幽默的力量让老板笑口常开

老板与员工的关系，首先是一种领导与被领导的关系，但是除此之外，双方还应该建立平等、和谐、友爱合作的关系。

作为一个下属，在恰当的时间、场合，和老板开一个富有幽默情趣的玩笑，对搞好与老板的关系，有着非常好的效果。

在个人关系上还需要主动与老板保持合适的距离，距离太远了不好，距离太近了也可能会很糟。

工作太累的时候，难免会偷懒，这时候如果被老板看见了，你该怎么办呢?

有一个建筑工人在工地上搬运东西，每次只搬一点。

工头以严厉的口吻对他说："你想你是在做什么?你看看别人搬那样重的东西!"

"嗯哼，"工人说，"如果他们要懒到不像我搬这么多回，我也拿他们没办法。"

工头被他逗笑了。

工人以幽默的口气为自己的偷懒行为辩解，老板即使会批评他，也会比较随和，责罚也会比较轻。假如你对于装疯卖傻颇为在行，无妨也在对您颇有微词的老板面前，以若无其事的态度告诉他下面的小笑话，且看他的反应又如何呢。

"幸好我已经娶老婆了。"

当然，你的老板无法了解你这一句话的意思，必定会一副茫茫然的样子，莫名其妙地看着你!

就在这时候，你可以像自言自语地对自己说："所以我现在习惯别人对我的唠叨了……"

如果你能够微笑着说的话，你的老板也必会露出会心的一笑！而就在你表现出沉着的大家风范，且老板又似乎对你放松敌意时，就正好抓住机会改变他以往对你的错误观念。

让你的老板笑口常开，你的工作就能进行得更加顺利。

幽默地处理好同事关系

同事间有什么心事，如感情、事业、家庭等问题，都喜欢找你倾诉，认为你很能体谅人，是个最好的听众。你不仅确实会很耐心地倾听别人的心里话，而且，如果你有能力帮助同事排除烦恼的话，你会热心尽力。即使事情不是力所能及的，也会给予适当的安慰。如果这样，有谁会不愿意和你做朋友呢？除了这些，如果你有自己的特点，能发展一个独特的幽默方式就再好不过了。专属自己的独特的幽默方式，任何人都学不来，所以会更有威力。

如果能以幽默的方式打开心扉面对人和事，你便会发现：欢笑可以使你们坐下来把事情解决。

阿花和小丽是多年的同事，两人隔桌而坐，情同姐妹，彼此也有着良好的默契。但有时也难免发生冲突。有一次，为了处理上司交代的事情，两人有不同的意见，在相持不下的情况下，她们居然发生严重的口角，后来相互冷战，形同陌路。到了第五天，阿花实在忍受不了这样的工作气氛，为了打破僵局，于是趁小丽也坐在座位时，就翻箱倒柜，把办公桌的抽屉全部打开来翻找一番，这时，小丽终于开口说话："喂，你把所有抽屉打开来，到底在找什么？"阿花看看小丽，幽默地说："我在找你的嘴巴和声音啦！你一直不跟我说话，我怎么跟你讲话！"两人扑哧一笑，重归于好。

具有幽默感能使我们对同事的行为着眼在其发光点上，而不是着眼在其错误和缺点上。不论怎样，我们应去了解并接受人性的小错，培养更好的工作关系。

有一次发薪水的时候，小李的工资卡里面竟然分文没有。但他没有气得暴跳如雷，也没有破口大骂。他只是去问财务部门的人说："怎么回事？难道说我的薪水扣除，竟然达到了一整个月了吗？"当然，小李得到了补发的薪水。

小李对同事偶犯错误持一种宽容的态度，而不把它看成一件了不得的事情，批评谩骂同事的愚蠢。他以幽默的方式与同事沟通，并得到了愉快的结果。这也正是泰然处之的幽默的效果。

我们要巧用幽默口才来与他人沟通！对工作上出现的问题，以建议来代替批评，和你的同事沟通，那么你和你的同事都会感觉更轻松。如果我们以尖刻的批评去对待一位工作没有处理好的同事，就会造成失败的局面。那位同事会失去他的自信心，而我们会失去他的信任，得不到成功的合作。如果能“以对方为中心”，了解他人，才能打开沟通的途径。

也许我们以幽默力量能为他人做的最重要的，就是帮助他人消除因工作带来的紧张、挫折感，并且顺利地解决问题。

我们如果不能领略到别人的幽默对自己的裨益，也就不太可能以自己的幽默来激励他人。为了表现我们重视别人所带来的好处，我们应该时时刻刻保持乐观的态度，同别人一起欢乐。

你对同事说：“唔！我看得出你知道怎样把事情办好的秘诀。而且你也知道如何守秘不宣。”

或同事对你说：“谢谢你把你的一点想法告诉我。我很感激——尤其是当你的业绩如此低落之时。”

有时候我们在工作上、在与同事之间的关系上，都需要更肯定一些来表达自己。在遇到阻挠、遭受到不公平待遇、工作不顺、有所不满、情绪低落时，不妨大笑两声。

一位男士对即将结婚的女同事打趣地说：“你真是舍近求远。公司有我这么优秀的人才，你竟然都没有发现！”女同事开心地笑了。

对于上面这位男士的幽默，女同事不但没有反感，反而感激他的友谊和欣赏。欢乐的气氛荡漾在同事之间，这是多么弥足珍贵的友谊。

报刊、出版社的编辑与撰稿者之间是一种合作关系，如果合作期间能适时幽默，那么双方的工作都会进展得更顺利。

美国作家杰克·伦敦许诺给纽约的一家出版社写一本小说，但却迟迟没有交稿。

出版社编辑一再催促均无结果后，便往杰克·伦敦住的旅馆打了个最后通牒式的电话：

"亲爱的杰克·伦敦：如果24小时内我还拿不到小说的话，我会跑到你屋里来，一拳揍到你鼻梁上，然后一脚把你踢到楼下去。我可从来是履行诺言的。"

杰克·伦敦回答说："亲爱的迪克：如果我写书也能手脚并用的话，我也一定能履行自己的诺言，按时将书交到你的手里。"

编辑与作家之间的玩笑说明了他们亲密无间的合作关系。而作家为自己不能交稿所做的辩解更是巧妙。

因为合作关系不是领导与被领导的关系，处理事情应该平等协商，相互提意见，表示不同看法也应客气委婉些，不能伤了和气。以幽默语言来表达是比较高明的办法。

歌唱家狄诺·帕蒂拉举行独唱音乐会，那位钢琴伴奏自顾自弹得很起劲，以至琴声经常盖住歌声。帕蒂拉虽然几次向他暗示，可他全然不加理会。

演唱会结束以后，帕蒂拉与自己的合作伙伴——钢琴家亲切握手，并谦虚地说："先生，今天我很荣幸，能参加您的钢琴独奏会。"

歌唱家用幽默语言表达出了对合作伙伴的不满，又照顾了对方的面子，是一种巧妙而得体的化解冲突的方法。

幽默力量使得给予和获得的双方都能认识到共同的问题，让彼此站在对方立场来看问题。

职场幽默，工作可以很快乐

幽默的领导比古板严肃的领导更易于与下属打成一片。有经验的领导都知道，要使下属能够和自己齐心协力，就有必要通过幽默使自己的形象人性化。

以幽默的语言代替指责，以建议的方式来代替批评。对工作上出现的问题，和你的同事一起轻松面对。幽默能帮助同事消除因工作失误带来的紧张和挫折感，并能顺利地解决问题。

第三章　社交幽默，让沟通更顺畅

让紧张的气氛在幽默中缓和

人都生活在社会之中，任何时候都面临着与人“交际”。人是不能“离群索居”的。为了顺利进行交际，适当使用幽默就显得非常必要。

任何人的交际都不可能是一帆风顺的。在紧张的气氛中进行交际时，就需要用幽默的方法进行调节，使气氛变得轻松和谐。这时我们不仅要制造出笑声，更需要与别人一起笑，正确地对待别人的笑。

> 有个瞎子和众人坐在一起。众人看见了可笑的事，就一起大笑起来。那个瞎子也跟着大家一起笑。众人就奇怪地问他：“你看见了什么而发笑？”
>
> 瞎子说：“你们所笑的，一定不会错。”

众人笑的一定不会错，所以不要吝惜你的笑声，跟着大家一起笑吧！在人际交往中，如果不能正确地对待别人的笑，就会给自己带来烦恼。正确的态度应该是当遇到别人发笑时，我们要像舞台上的小丑一样，对自己有充分的信心，不要怕别人嘲笑、讪笑、大笑……有了这种心境，才能保持内心的安定，避免不必要的烦恼。

在交际气氛沉闷的时候，不妨说上一段荒谬的故事。荒谬的故事也能因其趣味性而使交际气氛变得活跃。比如，你可以讲这样一个故事：

> 有一个瞎子，两只眼睛虽看不见东西，但能用鼻子闻出文章的气味。有个秀才听说了，就拿了一本《三国志》让瞎子闻。瞎子说："这是《三国志》。"秀才问："你是怎么知道的？"瞎子回答："我闻着有些刀兵气。"秀才又拿出一本《西厢记》让瞎子闻，瞎子说："这是一本《西厢记》。"秀才又问："你是怎么知道的？"瞎子回答："我闻着有些脂粉气。"秀才觉得很奇怪，就拿自己的文章让瞎子闻。瞎子说："这是你的大作。"秀才佩服地说："你是怎么知道的？"瞎子说："我闻着有些臭气。"

在交际中，任何人都难免在无意中犯下错误，这就需要我们用幽默的态度去宽容别人。如在公共汽车上被人踩到脚是很常见的事情。遇到这种情况时，如果你"火冒三丈"，就有可能爆发一场无休止的战争；但是如果你能幽默地说上一句："对不起，是我让你没能'脚踏实地'。"这样，对方就只有自我检讨的份了。而对于自己偶犯的错误，也应该采取积极的态度，不要把事情搞得更糟，就像下面这位先生：

> 他赴宴迟到，匆忙入座后，发现烤乳猪就在他座位面前，于是高兴地说："还算好，我坐在乳猪的旁边。"话刚出口，却发现身旁坐着一位胖女士，正对他怒目而视，他便急忙赔着笑脸说："对不起，我是说那只烧好了的。"

他的失误有两点：一是说话不注意语言所指与交际环境的协调性；二是语言表达缺乏明晰性。他的两句话都有歧义，如果说前一句可以做两可解释的话，那后一句就是明确说对方是"没有烧好的乳猪"了。这两句话都会使现场气氛非常紧张，还可能引发更激烈的争吵。其实那位先生绝对不是有意攻击对方，所以，如果那位"胖女士"对前一句话不是"怒目而视"，而能够幽默地加以对待，甚至回敬他一句"难道你不怕也被烤熟了吗"，就可以缓和当时的紧张气氛，也会使某人及时认识自己说错了话，而不会再犯第二个错误。

在多人交际的场合中，像这位先生这样由于粗心大意而出现类似顾此失彼的现象是屡见不鲜的。要避免出现紧张气氛的方法之一，就是在发表"高论"之前，先审视一下交际环境，因为这类错误大都是不看交际环境和沟通对象而造成的。

> 有一个无赖，经常三餐不继。一天，他偶然路过一户人家，见人家正在办丧事，而门口有人在议论某老先生的为人长短。于是他走进门对着灵柩就放声大哭。大

家都不认识他，他说：“这位老人生前和我是好朋友，几个月不见，没想到竟有这么大的变化。刚才路过才知道，所以未来得及准备祭品，先进来哭哭，以表达我的怀念之意啊！”这家人感激他的情意，就留他吃饭喝酒。在回家的路上，他遇见了一个穷人，就把自己混饭吃的经过告诉了对方。第二天，那个穷人也到一户办丧事的人家去大哭。人家问他是怎么回事，他回答说：“这死去的人生前和我相好。”话刚说完，大家都往他脸上打。原来，这家死的人是位少妇。

不分场合、不分对象讲话经常是使交际气氛紧张的原因之一。

因为幽默，在社交场中游刃有余

从社交礼仪来看，幽默能给人温馨之感，并留下较为深刻的印象。

斯库特去拜访一位女性朋友，女佣告诉他：“十分抱歉！小姐要我告诉你，说她不在家。”

斯库特说道：“没关系，你就告诉她，我并没有来过！”

上例中，斯库特以幽默善意的话语表达了自己的心情，并对女主人避而不见的做法进行了讽刺。

在社交场中，我们经常会去参加一些宴会活动，而宴会中又常常是生面孔多于熟面孔，往往会使人感觉窘迫，但这也是我们练习幽默交际的最佳场所。你是否了解那些善于交际的人和自己有哪些方面的差异呢？与社交水平一般的人相比，他们不仅是更加不怕与陌生人交流，也不是他们脸皮够厚，他们之所以能在社交场中显得轻松自如，更重要的是他们大都掌握了多种社交技巧，幽默就是其中很重要的技巧之一。

像下面的这个幽默故事中的人物行为，相信你也有办法在社交场中演练一番！

某个盛大的自助餐式酒会上。因为主人事先预备了各式各样的美酒，客人们全都赞不绝口。

某位被公认为酒仙的仁兄，在宴会一开始就在朋友之间来回地寒暄道："哦！对不起，在下先行告退了！"

当他一路来到女主人面前时，女主人知道此仁兄是酒道高手，不禁诧异地问道："怎么，您要回家了呀！是不是有什么地方招待不周呢？""哦！不，不，您的招待真是太周到了，我是怕我如果一开始喝的话，一定会分不出来东南西北的，所以我想先行告退……"

如果你也喜欢喝酒的话，你就会很容易看到这位仁兄的聪明幽默之处了。面对那么多的美酒，他当然是不愿意错过的，可是他又怕自己喝醉了以后会出丑，所以他就在喝酒之前为喝酒之后可能出现的情况做好铺垫，然后他就可以尽兴地享受美酒了，因为他明白主人当然不会因为他有可能喝醉而答应让他先回去。

幽默有助于社交活动，但社交中或许有不少的大牌人物在，这时候的幽默就要注意避免过于出格。

善用幽默可以广交朋友

俗话说：朋友多了好办事；多个朋友多条路；在家靠父母，出外靠朋友。能够多交一些朋友，常常与朋友交谈、聊天，就会心胸开阔、信息灵通、心情愉悦，还能取长补短，互相安慰。大家都知道朋友的重要性，但是，在茫茫人海中，要找到志同道合的朋友就不是那么容易了。其实，知音难觅就难在交朋友的方式上了，而幽默交友不失为一种有效的交朋友的方法。陌生的朋友见面，如果幽默一点，气氛就会变得活跃，交流就会更顺畅。

著名画家张大千与京剧艺术家梅兰芳可谓是志同道合的知音，他们都非常敬重对方。在一次宴会中，张大千向梅兰芳敬酒，并出其不意地说：

“梅先生，您是君子，我是小人，我先敬您一杯！”

众人都是一愣，梅兰芳也不解其意，忙问：“先生何出此言啊？”

张大千朗声答道：“您是君子——动口，我是小人——

动手！”

张大千机智幽默，一语双关，引来满堂喝彩，梅兰芳更是乐不可支，把酒一饮而尽。

很多人都有广交朋友的心，但是总苦于没有行之有效的方法，如果我们都能像张大千一样，语言机智幽默，真诚待人。那么，总有一天会四海之内皆兄弟。

在一个狭窄的小巷里两辆汽车相遇了。车停了下来，两位司机谁都不肯让路。对峙了一会儿，其中一位司机拿出一本小说津津有味地看了起来。另一位司机见状，伸出头来高声喊道：“喂，老兄，看完后借我看看啊！”

一句话逗得看书的司机哈哈大笑，并主动倒车让路。之后两人冰释前嫌，互相交换了名片。原来两人的家离得很近，后来他们还成了好朋友。

突如其来的幽默让两个谁都不肯退一步的司机成了好朋友，我们不得不佩服让路司机的幽默和大度。生活中像这样的小摩擦在所难免，这个时候如果激化矛盾，必定两败俱伤，更不可能交到朋友。但是，若能利用幽默的话语将矛盾的热度降到零点，那么敌意也能转变成友谊。

朋友间的幽默方式很多，往往更有默契，也更能开心。

法国作家小仲马的一个朋友剧本上演了，朋友邀请小仲马同去观看。小仲马坐在最前排，但总是回头数：

“一个，两个，三个……”

“你在干什么?”朋友问。

“我在替你数打瞌睡的人。”小仲马风趣地说。

后来，小仲马的《茶花女》公演了。这位朋友也被邀请观看。这次，轮到朋友回头找打瞌睡的人，好不容易找到一个，朋友说：“今晚也有打瞌睡的人呀!”

小仲马看了看打瞌睡的人，说：“你不认识这个人吗?他是上一次看你戏睡着的，至今还没醒呢!”

小仲马和朋友之间的幽默是建立在一种真诚的友谊基础上的，没有虚伪的客套，这样的幽默更能增进朋友间的友谊。可见，幽默在交朋友的过程中固然重要。但是，一切幽默要本着真诚的出发点，才能够让人感受到你的友好。

掌握了幽默的交友技巧，你再不会苦于没有知心朋友，陌生人将会成为你的新朋友，新朋友将会成为你的老朋友。

以幽默的语言化解人际的冰霜

有时候，我们需要表达对他人的爱护、同情和安慰，但是这种表达如果使用的方法不当，反而会使我们安慰的对象感觉我们是在可怜他们，因而使我们友善的表达收到相反的效果。这种时候，我们不妨运用幽默的方法，看看效果如何。

一个酷爱打保龄球的人说："我的医生说，我不宜打保龄球。"他的朋友听了说："哦，他一定跟你较量过。"

对朋友的仁爱之情、安慰之意通过幽默的手法委婉曲折地表达出来，既不会对朋友的自信心造成伤害，又很好地达到了自己的目的。在个性迥异或一时闹了别扭的亲情手足之间，貌似嘲笑的幽默关怀总是更有效，能快捷地弥补差异与裂痕，缩短双方的距离。

有一对夫妇吵得很凶，吵到后来，丈夫觉得后悔，就把妻子带到窗前，去看一幅不常见的景象——两匹马正拖着一车干草往山上爬。

"为什么我们不能像那马一样，共同拉上人生的山顶？"

"我们不能像两匹马一起拉。"妻子回答说，"因为我们两个之中有一个是驴子。"

丈夫调整后的情绪改变着妻子尖刻妙语的原意，使它成为温情的表达："是的，我赞成。让咱们一起笑，别吵了。"

幽默语言能化解人际关系的冰霜，增进人际关系的和谐，避免可能发生的冲突。幽默能帮助我们认识到：与社会和人生的重大问题相比，我们的某些矛盾显得微不足道，人与人之间的矛盾大多可以调解。如果我们能够轻松地看待那些日常小事，就可以免除许多不必要的争论和烦恼，使自己心情舒畅，还能以此开导他人，调解争端。

某大公司的董事长和财税局长有矛盾，双方很难心平气和地坐在一起，可是一个重要的会议又必须把他们都请来。他们不得不来参加会议，但双方像陌生人一样视而不见。

这时会议主持人为了缓和他们之间的矛盾，决定对他们进行劝导。他向人们介绍这位董事长时，说："下一位演讲的先生不用我介绍，大家都认识他，他就是我市上至市长、下至最普通的老百姓都认识的×××董事长，但也有一个例外，就是我市鼎鼎有名的税务师、财税局长×××，他们两人谁也不认识谁，看起来董事长真需要一个好的税务师为你把关，财税局长也要和董事长亲近亲近，多了解企业情况，为企业当好参谋。"

听众爆发出一阵大笑，董事长和财税局长也都笑了。

我们身处的是紧张运转的现代社会，繁忙的劳作再加上各种利益的纠葛，使得人们彼此间的矛盾冲突增多，日常生活的摩擦更是不断。如何松弛紧张情绪，避免无谓的争吵，让自己摆脱处世的烦恼；如何使我们的生活质量更高；如何使我们在和谐、欢乐、轻松愉快的环境中更好地学习、工作、生活。确实需要我们认真思考。

幽默寒暄让交际更顺畅

寒暄是人们日常交流中的一项重要内容。因为经常见面的熟人，不可能总有很多话要说，也没有多余的时间一见面就站在路边没完没了地聊。但遇见了熟人，如果因为嫌麻烦而不打招呼会显得有些不近人情，更无法缓冲熟人相遇时产生的下意识的紧张情绪。

但是过于一般的寒暄常常使人觉得乏味。为了增添乐趣，维护良好的人际关系，我们可以试着在寒暄的时候打破常规，注入幽默元素。下面是一个典型的幽默寒暄故事。

> 连续下了好几天的雨，某公司的几个同事见了面，一个人说："这几天怎么老是下雨啊？"一位老实的同事按常规作答："是呀，已经6天了。"一位喜欢加班的同事说："嘿，龙王爷也想多捞点奖金，竟然连日加班。"另一位关注市政的同事说："地产所忘了修房，所以老是漏水。"还有一位喜爱文学的同事更加幽默："嘘！小声点，千万别打扰了玉皇大帝读长篇悲剧。"

加入了幽默成分的寒暄的确与众不同，既活泼又风趣，一下子就拉近了人与人之间的距离。

许多有幽默感的老年人喜欢晚辈和他们开一些善意的玩

笑。所以，当你刚出门遇见老年邻居时，你可以幽默地和他们寒暄一番，这样很容易就能和他们搞好关系，一般情况下，他们还会逢人就夸你会说话呢。

> 一个大热天，小王赶早趁天气凉爽去公司上班。她刚出家门，就看见邻居刘大妈在树荫下练腰腿。她走过去神秘地对刘大妈说："大妈，这么早练功，不穿毛衣小心着凉啊。"一下子逗得刘大妈哈哈大笑。刘大妈笑着骂道："你这个鬼丫头！再不走你上班可要迟到了，现在都9点多了。"小王一听赶紧看表，才8点。看到刘大妈在那里得意地笑才知道自己上当了。以后，每次刘大妈见到小王都非常主动地和小王打招呼，逢人就夸小王聪明伶俐，还张罗着给小王介绍对象呢。

很多时候，新近发生的大事件也会成为人们寒暄的话题。因为，大事件是大家都关注的，人们可以从中找到共同语言，可以避免在寒暄中因话不投机而导致尴尬。下面就是一个利用大事件在寒暄中制造幽默的例子。

> 前些年由于厄尔尼诺现象的影响，气候反常，快到夏天的时候，人们都还穿着厚衣服。很多熟人见面后的第一句话就是："气候太反常了，都过了农历四月了，天气还这么冷。"可是，有一个幽默的汽车司机就不那么说，他见到同事李师傅的时候说："李师傅，这不又快立秋了，毛衣又穿上了。"他见到邻居张大爷的时候

也会故意幽默地问：“张大爷，您老也没有经历过这么长的冬天吧，到这时候了还这么冷？”恰好张大爷也是一个幽默人，他笑着说：“是啊，大概老天爷最近心情不太好，老是板着一副冷面孔。”

现在人们的生活水平提高了，人们都喜欢以“夸别人富有”作为寒暄的话题，尤其在农村，这种看似俗气的寒暄更是常常发生。其实，在寒暄中逗乐似的夸别人富有，也会收到很好的幽默效果。

李大娘午饭后恰好遇到大刘，大刘寒暄道：“大娘，您吃过午饭了吗？”李大娘既然被称作大娘，自然年纪不小了，可是她整天乐呵呵的，好像比大刘还年轻。她回答说：“嗬，还没吃呢。你中午吃什么好东西了，也不请大娘我去吃，瞧，现在还满嘴都是油呢！”

李大娘幽默地夸赞大刘的生活过得好，她对大刘的假责怪显得很亲热、愉快，很自然地就拉近了她与大刘的距离，也成功地塑造了自己平易近人、和蔼可亲的长辈形象。

不要小看寒暄幽默，它能使你在不知不觉中将欢笑和快乐带给别人，拉近自己与他人的距离。

社交幽默，广交朋友

很多人都有广交朋友的心，但是总苦于没有行之有效的方法。如果我们都能像张大千一样，语言机智幽默，真诚待人。那么，总有一天会四海之内皆兄弟。

第四章　家庭幽默，在幽默中享受幸福

防止婚姻老化，幽默交流必不可少

台湾著名作家戴志晨先生说：“婚姻是人世间‘老化’最快的一种关系。”这话说得很有道理，从夫妻对彼此的称呼就看得出：结婚时明明还叫新郎、新娘，可一夕之间就变成了老公、老婆。

不过，名称怎么“老”都无所谓，怕就怕老化的不仅仅是名称，而是爱情本身。

中国传统观念提倡夫妻相敬如宾、客客气气。互相敬重当然是好的，但如果两个人关系太过规矩、死板，生活得久了，婚姻生活就会味同嚼蜡，爱情恐怕也会老化得更快。对此，戴志晨先生开出的处方就是“幽默”。他说：“懂得夫妻幽默之道的人，可以防止婚姻老化，使双方永远做英俊的新郎和漂亮的新娘。”

幽默在婚姻中的作用不可低估，它常常能激起感情上的浪花，让婚姻生活更加和谐美满，每一天都像是蜜月一般甜蜜幸福。

胡适和老婆江冬秀是包办婚姻，老婆一个大字不识，是人人皆知的“悍妇”，但夫妻二人关系还算和谐。

一次，有人问胡适是如何与太太相处的，胡适想了想说：“我知道有个‘惧内俱乐部’，提倡男人对太太要奉行‘三从’‘四得（德）’的原则。所谓‘三从’，是太太出门要跟从，太太命令要服从，太太错了要盲从。所谓‘四得（德）’，是太太化妆要等得，太太生日要记得，太太打骂要忍得，太太花钱要舍得。”

问者听了哈哈大笑，对胡适的幽默钦佩不已。

胡适是个婚恋专家，对于调试夫妻关系十分拿手，常常说些幽默讨巧的话，把老婆哄得高高兴兴，虽然是包办婚姻，但几十年的婚姻也是一团和气。要知道，家庭的温情主要是在语言交流中获得的，如果夫妻双方都惜字如金，交流不当，即便开口，也都是一些唠唠叨叨的废话，这样的婚姻生活一定让人大失所望。只要平时多说些讨喜的话，对另一半多些赞赏，多些耐心，婚姻生活就能越来越甜蜜。

由于男女个性不同，要想尝试婚姻小幽默，还需要从不同角度入手。

生活中，缺乏幽默感的妻子，往往喜欢唠叨，说话有口无心，沉醉于自我宣泄之中，全然不顾自己说了些什么、说得是否巧妙，也不顾老公会有什么反应。如果你就是这样的妻子，首先要注意改变自己的说话习惯，增加文化修养，平时多翻翻幽默的书报杂志，多学习、多模仿，久而久之就能学会一些幽默技巧。

比如，老公下班回家后一直坐在电脑前赶一个方案总结，竟然连饭都不肯吃，自称是要减肥。这时，你可别生拉硬拽，不如笑呵呵地对他说："结婚几年来，我所有的投资几乎都贬值了，你是我唯一增值的东西，你若减肥了，我就没有一点儿成就感了。所以老公，你还是快来吃饭吧！"

听了这话，再急的工作他也会先放在一边，乖乖地陪着你吃饭了。日常一餐饭，不仅能让老公紧张的情绪暂时得以缓解，还能趁机沟通夫妻感情，让他知道你有多么爱他。

和女人相比，男人缺乏幽默感的原因很多，少数是因为个性孤僻，大多数都是因为工作压力大，久而久之就丧失了生活情趣。其实，夫妻间多进行幽默互动，不仅可以调适婚姻生活，还能有助于减轻工作压力。

打个比方，公司老板要求你加班，晚上你又得挑灯夜战。你得打个电话通知老婆，告诉她晚上不能回家吃饭了。你是垂头丧气、连声咒骂着告知老婆这一消息，还是幽默逗趣地趁机甜言蜜语一下？当然是后者更佳，你可以嬉笑着对老婆说："喂，请问是女超人吗？无敌铁金刚向您请假，他今天不能回花果山吃斋桃啦！"

这样一个小小的幽默，妻子听了却会感觉温馨甜蜜，也给挑灯夜战的你增添了几许奋斗的动力。

朋友们，请记住吧，幽默是快乐的催化剂。使朋友、同事、顾客、亲人们发出笑声的人，就是在弹奏无比美妙的音乐。学会了运用幽默的力量，你就会拥有幸福美好的人生。

生活少动力，幽默来添加

性是建立夫妻关系的一个前提条件。无论是做妻子的，还是当丈夫的，都不会忘掉新婚之夜那愉快的一刻。而随着工作压力的增加，有些人可能对性生活表现得力不从心。对夫妻来说，谈性是公开的，彼此之间不需要拐弯抹角，这是现代人普遍认同的观点，而“素”中带“荤”的幽默术，能为你的夫妻生活增添活力。

一位公车司机工作十分勤奋，每天都早出晚归。一日，当他满身疲惫地回家时，发现妻子留下了一张纸条：

每天那么晚才回来，真受不了！食品和啤酒放在冰箱里，我的身体和爱情在被窝里。

——你的妻子

此故事中，妻子把食品、啤酒、身体和爱情并列在一起，幽默地暗示丈夫吃食品和啤酒，不要忘记了妻子需要丈夫的爱。此时，那位丈夫会感受不到家的温馨吗？会感受不到妻子那深深的爱吗？当你觉得爱情生活变得日益平静的时候，你可以用幽默来打破这种死气沉沉的平静。

丈夫："你出去时，可别带那只怪模怪样的花狗去。"

妻子："我觉得那条花狗很可爱。"

丈夫："你一定要带它，是想以它做对比，显示出你的美貌吧？"

妻子："你真糊涂，如果想那样，我还不如带你出去更好！"

有的夫妻很懂得怎样保护自己的幸福，保持爱情的活力。他们以幽默来代替粗鲁无礼的语言，解决日常生活中的分歧。虽然他们也相互挑剔，也会产生纷争，但是经过由幽默产生的情感的冲击后，一切纷争都显得微不足道了，经历了冲击后的爱情生活反而显得更加活跃。

有对夫妻是大学里的同学，结婚后经常吵架。两个人都感到忍无可忍了，在一次争吵的高潮中，女的说："天哪，这哪像个家！我再也不能在这样的家里待下去了！"说完，她就拎起自己放衣服的皮箱，夺门冲了出去。

她刚出门，男的也叫起来："等等我，咱们一起走！天哪，这样的家有谁能待下去呢！"男的也拎上自己的皮箱，赶上妻子，并把她手中的皮箱接过来。

应当试着运用幽默去保护自己的家庭。如果没有根本性的、重大的分歧，幽默将使家庭生活始终处于最佳状态。家庭生活中极需要这种幽默，应相信这一点，无论什么情况下，一对善于以幽默来润滑生活轮子的夫妇，获得的幸福比任何家庭都多。幽默就是这么高超的艺术。请看这位妻子是如何运用幽默让丈夫去做家务的：

妻子："亲爱的，你能把昨天晚上换下来的衣服洗一下吗?"

丈夫："不，我还没睡醒呢!"

妻子："我只不过是考验你一下，其实衣服都已经洗好了。"

丈夫："我也只是和你开玩笑，其实我很愿意帮你洗衣服的。"

妻子："我也是在和你开玩笑，既然你愿意，那就请你快去干吧!"

丈夫此时不得不佩服和欣赏妻子的幽默和情趣，高兴地去干不愿干的家务。在家庭中，不仅需要有温柔的感触，也需要有不断激荡的热情和活力。这种热情和活力可以表现出爱情的灵巧、有趣，它能使爱情富有朝气。

罗钦斯基夫人在她写的《生命的乐章》一书中，提到这一段故事：

罗钦斯基夫人第一个孩子刚出生不久，一天她坐在楼上卧室里。忽然一阵阵饱满而雄浑的音乐声自楼下升起。这很平常，因为她的丈夫是纽约爱乐交响乐团的指挥。

她问他：“你从哪儿找来这样好听的新唱片?”

罗钦斯基先生哄她下楼，她看到一屋子神采飞扬的音乐家正演奏《齐格飞的牧歌》——理查德·瓦格纳为庆祝他的长子诞生而作的曲子。

幽默可以给平淡的生活增添乐趣和笑声，从而激发和唤醒夫妻双方的爱情。 有时候幽默的力量十分温和，我们可能会觉察不到它。 但是它的确使爱人的心情愉快，这无疑有助于情感的升华。

改变心态，柴米油盐皆可幽默

一个男人和一个女人，从相识相爱到一起走入婚姻，这一过程，往往是二人一生中最为甜蜜和充满激情的时期。 一对情人走进婚姻以后，由于不同的成长环境和生活背景，由于社会日渐风行的自我思维方式，由于锅碗瓢盆、柴米油盐等家庭琐事，往往会使婚后生活日渐平淡乏味，和恋爱时的浪漫激情形成反差。

其实，那些都只是表面的现象，其内在的根源在于夫妻双方的心态都发生了变化。 双方因为过于熟悉而使得生活没有了新鲜的味道。 如果夫妻双方能改变心态，用心观察生活，则生活中的柴米油盐皆可成为幽默的素材，给夫妻生活增添新鲜的味道。

家庭生活离不开厨房，而厨房里的许多事物都可以引发幽默。下面就是与厨房有关的三则幽默故事。

去厨房

丈夫:“结婚纪念日我们去哪儿呢?”

妻子:“去我没去过的地方。”

丈夫:“那就去厨房吧。”

鸡汤

丈夫想杀鸡吃，可是不直接说，便对妻子说：“玛丽，小白母鸡有些忧愁，是不是因为没有用它来熬汤。”

面板

有一个男人懒得出奇。有一天，妻子要切面条，叫他到邻居家借个面板，他说：“不用借了。就在我脊背上切吧。”

妻子在他背上切完面条，问道:“痛不痛?”

他回答说:“痛我也懒得吱声。”

家庭里一些不经常发生的特殊事情也能引发幽默。比如，在家庭里，男人往往喜欢看体育节目，下面就是一位先生利用足球来制造幽默的例子。

有一对年轻夫妇，家里只有一台彩电，但男的爱看球赛，女的爱看电视连续剧，这样就有些不好办了。最后当然是丈夫让步。

不过这位丈夫还算有心计，平日一有机会，他就向妻子灌输体育知识，谈谈球赛趣闻，久而久之，妻子的兴趣果然被他挑动了，有时也跟他一道收看体育比赛的节目，那真是夫唱妇随了。到了四年一届的世界杯足球赛时，妻子的眼睛已经被精彩的比赛吸引了，这时，他才煞有介事地对妻子说：

“看你这个高兴劲儿，我想起了一句老话。”

“什么话?”

“知足常乐!”

“怎么会想起这句话呢?”

“知足常乐嘛，就是知道足球以后，就会常常乐了呗!”

多么富有情趣的调侃！这样的生活才是风情万种、阳光无限啊！ 当然，夫妻间的幽默还可借助生活中的其他事物。

总之，不要为生活中的琐事而烦恼，也不要说家庭生活因为有了“柴米油盐”之类的事情而不再浪漫鲜活。 运用你的幽默感，发挥你的创造力和想象力，你可以把“柴米油盐”作为幽默素材，为你的家人带来快乐，为你的家庭增添无限生机。

用幽默来化解矛盾，关系更密切

幽默是打破夫妻间僵局的最佳方式。如果你说：“你看世界上的冷战都结束了，我们家的冷战是不是也可以松动一下?”“瞧你的脸拉那么长干什么！天有阴晴，月有圆缺，半月过去了，月儿也该圆了吧！女人不是月亮吗?”对方听了大多都会“多云转晴”的。

幽默是讲究环境和条件的，如果在具有幽默诱发作用的环境中，具备了成熟的条件，即使文化修养较低的人，也会自然而然地幽默起来。家庭是一个很好的诱发幽默的环境，因为家庭中充满了善意和爱，当然，有时候家庭成员之间，尤其是夫妻之间，也会发生矛盾。当夫妻之间发生矛盾时，我们也可以用幽默来消除紧张，缓和矛盾。

> 两口子吵架，妻子闹着要同丈夫离婚。他们去县法院的路上，要经过一条不深但很宽的小河。
>
> 到了河边，丈夫很快脱掉鞋子走入水中。妻子站在岸边，瞧着冰冷的河水，正愁着怎么过去。丈夫回过头温和地说：“我背你过去吧。”
>
> 丈夫背着妻子过了河。他们没走多远，妻子说：“算了，咱们回去吧！”

丈夫诧异地问:“为什么?”

妻子不好意思地低着头说:“离婚回来的时候,谁背我过河呢?”

幽默和温和的言语一样,在夫妻之间发生矛盾的时候,所表达的是一种委婉的妥协:既不损及自己的颜面,又能同爱人友好地和解。夫妻之间,貌似嘲笑的幽默关怀,总是能够迅速地弥补双方的个性差异与感情裂痕,拉近双方的心理距离。下面就是一个这样的故事:

丈夫看见失业的妻子一点儿也不着急找新工作,于是对她说:“你怎么一点儿都不懂得废物利用?”

妻子回答说:“因为很懂得,所以才嫁给了你。”

丈夫本想教训妻子一顿,却被妻子幽默地驳回,丈夫自然会反思自己没有能耐,还要妻子跑出去赚钱的不对。记住,在婚姻和家庭生活的某些特殊时刻,折损人的话语可能会造成不可磨灭的伤痕,在这种时候,我们要像上面故事中的妻子一样,尽量运用幽默去做妥当的化解。

夫妻俩吵得很凶,老婆气得直说:“我真后悔嫁给你,早知如此,我就嫁给魔鬼了!”

“不行,你不能这样做,你难道不懂近亲结婚是法律所不允许的吗?”

面对盛怒的妻子,丈夫幽默地把她比作了魔鬼,从而让妻子在笑声中冷静了下来。

妻子往往喜欢故意刁难丈夫一下，这时丈夫也需要灵机一动的幽默，不然就会陷入窘境。看看下面这个例子：

妻子问丈夫："如果我和你妈同时落水，你该先救谁？"

这真是一个让人不知如何回答的问题，而聪明的丈夫灵机一动："当然要先救未来的妈妈！"

丈夫一箭双雕，八面玲珑。如果你真的有这么一位机灵又好出难题的妻子，那你就得练成临事能机敏应对的丈夫了。

恩格斯说过，幽默是具有智慧、教养和道德上的优越感的表现。家庭成员在交流中寓庄于谐地表达一个严肃的内容，甚至用来进行善意的批评，往往可以使另一方在轻松的氛围中备受启迪。

用幽默来表达，和气又讲理

角色的对调可以激发我们以新的方式来发挥幽默的力量。生活中，我们对亲人会有各种各样的看法，有时候可能是不好的看法。当我们对亲人有不好的看法时，如果直言不讳，言辞激烈，难免会伤害到对方。如果能将话语制成"糖衣炮弹"，对有缺点的一方进行善意的揶揄和有节制的讽劝，并将揶揄和讽劝以幽默的方式送给对方，那么就既能达到批评对方的目的，又增加了趣味的成分，既使对方心甘情愿地改正错误，也不会伤害对方的感情。可以想象，这样做，收效肯定要比直言不讳强。请看下面这位丈夫是怎样巧妙地借机批评他的妻子对母亲不孝顺的。

妻子对丈夫说：“我生了女孩，你妈妈说什么了吗?”

丈夫回答：“没有，她还夸你呢。”

妻子认真地问：“真的，夸我什么?”

丈夫一字一句地说：“夸你有福气，将来用不着担心看儿媳妇的脸色行事了。”

这位丈夫没有直接表达对妻子不孝顺母亲的不满，而是以幽默的方式道出，通过这种温和的批评方式，让妻子从一个母亲的角度来看这件事情，使她在回味之余，更容易接受批评并加以改正。

日常生活中，一些生活琐事往往会引发大的干戈，其原因之一是双方的话语都缺少幽默的成分。如果在批评亲人的时候能采用幽默的方式，那么你的批评就已经成功一半了。

妻子已经有两个礼拜没有打扫房间的卫生了。丈夫对妻子的懒惰和邋遢十分不满，就对妻子说：“亲爱的，上星期你工作很忙，没有时间做家务，如果这个星期你仍然忙的话，我还可以替你再做一周家务。”

这样比严厉地指责妻子的懒惰与疏忽大意来得轻松一些，也更容易被接受。男人也许不愿意扮演这样的父亲：

怀里抱着啼哭的婴孩在客厅里走来走去，而母亲正在卧室里休息。

这位父亲对着卧室喊道：“从来没有人问我，如何使婚姻与事业兼顾。”

当然，懒惰的不仅仅是妻子。结婚后，家务事变得多了，有的丈夫很懒惰，即使工作不太忙，也不肯帮妻子动动手。对此，妻子可运用幽默讽刺丈夫。

妻子在厨房忙完以后，对久坐不动专等着吃饭的丈夫说：“今晚的菜，你可以选择。”

“是吗？都有些什么菜？”

“炒土豆。”

“还有呢！”

“没有了。”

“那你让我选择什么啊？”

“吃还是不吃？”

即使丈夫再懒，做妻子的最终还是会原谅他，不过妻子可以用幽默的方法来提醒他。

有一对年轻的夫妇，玛丽和约翰，他们订购了一批郁金香球茎，要在秋天种植。玛丽好几次提醒约翰去种球茎，但是他老是拖延着。最后玛丽自己种了。

春天，郁金香长出来了，开满了各色的花，拼出“懒惰的约翰”的字样。

如果妻子把丈夫管得太严，丈夫往往会感到很不自由。

有一位已婚的朋友，计划来一次单身旅行到“千岛”。他太太的反应令他不太高兴。

他当着妻子的面对来家里做客的朋友说：“她没说不准我去。只是她要我在每个岛上待一个星期。”

小气的妻子往往把家里的财物管得很严，丈夫会觉得很不方便，这时候要表达不满可以向下面这位先生学习。

儿子问父亲：“爸爸，阿尔卑斯山在哪里?”

父亲漫不经心地回答说：“去问你妈！她把什么东西都藏起来了。”

当你以幽默的言语与亲人交流时，你可以制造机会并获得你想要的东西。 幽默的语言有助于增进家人的感情。

有一位先生回家时，装作气喘如牛的样子，却又得意扬扬地对妻子说：“我一路跟在公共汽车后面跑回来，”他喘着气说，“这一来我省了一元钱。”

他妻子笑着说：“你何不跟在计程车后面跑，可以省下20元钱！”

上面这个幽默故事中，丈夫所说的明显是假的，他要表达的是妻子对他的钱管得太紧了，他不得不省钱跑回家。妻子理解丈夫的意思，在莞尔一笑的同时，以幽默的话回避了丈夫的话题。

幽默是一种灵活的表达方式，它可以明确而又温和地表达出我们对亲人的看法，让亲人平和地了解到我们的想法，重新审视自身，改正错误，弥补不足。

夫妻幽默，和谐温馨

妻子把饭菜和自己并列在一起，幽默地暗示丈夫在吃饭的同时，不要忘记了妻子需要丈夫的爱。当你觉得爱情生活变得日益沉闷的时候，可以用幽默来打破这种死气沉沉的平静。

幽默是一种灵活的表达方式，它可以明确而又温和地表达出我们对亲人的看法，让亲人了解到我们的想法，重新审视他们自身，改正他们的错误，弥补他们的不足。

幽默是家庭矛盾的“净化剂”，是家庭生活的“润滑剂”，是感情寒冷期的一件棉袄，是治疗爱人讥讽的一味良药。夫妻之间用幽默来互相讥讽，讥讽里也有爱的芳香。

下篇
会拒绝:别让不好意思害了你

扫码点目录听本书

第一章　敢于拒绝，别为了面子强出头

扫码点目录听本书

因人情违心做事，等于作茧自缚

求人办事欠“人情”，请客吃饭还“人情”，平时联络储蓄“人情”……毕竟人是一种社会性的动物，人与人之间难免会有互帮互助的时候，所以“人情”也便应运而生。人情利用得好，不仅能够为他人解除燃眉之急，还能借此交到不少知心朋友。这本是一件好事，但有些人却太过于看重人情，使得人情成了不折不扣的包袱，明明不能答应的事情，却因为人情说了违心话，结果却是费力不讨好，既在朋友那里落了埋怨，自己也是打落牙齿往肚子里吞，最后不得不被“人情”牵着鼻子走。

在现实生活中，每个人的社会关系都是错综复杂的，如果太过于看重人情，那么四通八达的人际关系就会演变成一张束缚自我的网，自己被束缚其中不能动弹，更不用说能有什么大作为了。

小丁是一名刚刚毕业的大学生，由于初入社会，工作经验不足，所以工资除了满足温饱外很难有剩余。月末刚发完工资，小丁十分开心，为了节省生活开支，她可是好久都没打过牙祭了，所以她决定去馆子里大吃一顿。就在这时，她接到了一个好朋友的电话。原来，好朋友马上就要结婚了，婚期就定在下个月月初，她十分热情地邀请小丁一定要到场。由于两个人的友情一直很深，所以尽管小丁心中有所顾忌，还是在电话中答应了对方的要求。

挂完电话，小丁就犯了难，她所在的公司管理制度十分严格，而好朋友的婚期又正好不是周末，要想参加好朋友的婚礼，就必须要请假。小丁是个责任感很强的人，公司的工作也十分繁忙，难道真的要请假吗？作为一个新员工，她十分清楚请假会在无形当中影响自己在领导心目中的形象，但既然已经答应了好朋友，那硬着头皮也得去请假了。

除此以外，还有一个问题是小丁十分头疼的，那就是拿多少礼金合适。小丁刚刚工作，并没有什么闲钱，但要结婚的好朋友可是自己的闺蜜，有一次自己孤身在外患了阑尾炎，做手术的时候她可没少帮忙，三天两头照顾自己，帮自己炖汤补身体，如今她要结婚了，作为她最好的朋友，出手可不能太寒酸了！

为了让礼金能看得过去，小丁专门给几个同样接到婚礼邀请的朋友打电话询问，令她吃惊的是，同学们一出手就是1666，说是图个吉利。既然大家都这样，那小丁自然也不能太少，于是她便忍痛把工资的一半装进了礼金红包。在喜庆的氛围中，婚礼很快落幕，小丁在人情上是好看了，但她接下来的3周的生活却陷入了困境。

在这个繁华的大都市，吃穿住行的消费不用多说，而小丁剩下的那部分工资实在是捉襟见肘。很快又到交房租的时候了，这可该怎么办呢？陷入经济困境的她不得不向父母求助。

在接下来的这几个月里，几乎每月都有人情世故上的事，同事过生日啦，表嫂生小孩啦，同学结婚了，老人生病啦……小丁对“人情”看得很重，甚至把人情摆到了第一位，所以不论事情大小，她都不敢轻易错过，而且买的东西少了也不好看。可怜她的钱包，就是为了这些乱七八糟的人情，她已经连续几个月入不敷出了，如果没有父母的支援，只怕要睡大街了。

故事中，小丁烦恼的根源并非需要送礼金的朋友太多，也不是收入低，而是因为她已经被“人情”绑架了。为了人情，哪怕再不愿意也要违心地送上礼金，这无异于作茧自缚，又怎能不苦恼呢？人情往来本是无可厚非的，但一定要量力而行，如果动不动就把人情摆到第一位，那么势必会被人情所累，甚至陷入一个无法自我救赎的怪圈。

人情是人们面子观的集中体现，仔细看看自己的周围，如今已经有多少人被人情绑架？为了人情，为了面子，哪怕只是孩子升学也要大摆筵席，甚至不惜大摆排场，因为在这些人看来，只有场面够大才能脸上有光。为了人情，哪怕心中不愿意，但还是不得不参加，哪怕多么不情愿拿高额的礼金，但为了人情，也只能花钱买个面子，这又是何苦呢？这不是作茧自缚又是什么呢？

当人情已经演变成一种负担、一种束缚我们的牢笼时，不妨试着打破它。人生在世，需要背负的东西太多，能轻装前进是最好不过的，所以能丢掉的人情就丢掉吧，不做性情中人也没有什么不对。与其为了人情说违心话，不如丢掉人情做一个诚实人，唯有冲破人情的束缚，才能“破茧成蝶”，舞出属于自己的精彩人生。

无法办成的事，不要轻易答应

吹牛皮说大话是人际交往中的大忌，在社会交往中，人们往往更喜欢和诚实的人打交道，所以夸夸其谈的人往往并不受欢迎。面子是群体生活的产物。一个人，作为独立的个体，无所谓面子不面子，但一旦站到了群体中间，面对亲戚朋友或者陌生人，面子就悄无声息地出现了。也正是因为这样，一个人在自言自语时，往往不会说什么大话，只有在人前，才有凸显面子的想法和欲望。

俗话说，没有金刚钻就别揽瓷器活，当朋友们的请求超出自己的能力范围时，一定要实话实说，千万不可因为贪图一时的面子而满口答应，否则很有可能会失信于人。一边是一时的面子，另一边是做人的最基本信誉，想必每个人的心中都有一杆秤，知道孰重孰轻。但在现实生活中，仍然有一些人改不掉说大话的毛病，为了显示自己的神通广大，不管能否解决问题，先赚足面子再说，殊不知这种做法无异于杀鸡取卵，是不可能长久的。

诚实守信是中华民族的优良传统，古人常常告诫我们：一言既出，驷马难追。说出去的话、做出的承诺就好比是泼出去的水，无论怎样都是不可收回的，这就要求人们在许诺的时候一定要谨慎，否则便会丢掉自己的信誉，从而严重影响正常的社交活动。毕竟，没有人愿意和一个言而无信的人交朋友。

直到今天，中国古代季布一诺千金的故事仍然广为流传，尽管朝代经过了无数次更迭，时代也早已变迁，但言而有信的美德从来都没有改变。做人要言出必行，做事要说到做到。现代社会，做生意赚钱要说话算数，交朋友更要有一说一、有二说二。随口说大话注定是会被众人唾弃的，言过其实的许诺损伤的不仅是信誉，还有朋友的信任和真挚的情感。

在一年一度的同学聚会上，大家敞开心扉热情地交谈着。事业有成、家庭生活幸福的小于十分自然地成为大伙关注的焦点。在众多同学中，小于是唯一一个开公司的。经过几年的辛苦打拼，如今他的公司经营状况已经趋于稳定，盈利水平也是稳步上升。

相对于仍是普通上班族的同学来说，小于自然要富裕得多，他在公司所在地的富人区买了独栋别墅，为了让妻子和儿子生活得更加惬意，还专门请了做饭阿姨。“小于，小于，赶紧说说你的致富经，我们可是还挣扎在温饱线上呢！”饭桌上不知是谁先开了口，紧接着大家一片附和声，小于瞬间就成了饭桌上的焦点人物。

对于众人艳羡的眼光，小于可谓十分受用，在觥筹交错中，他颇有一种衣锦还乡的风光之感，于是便神采奕奕地讲起了自己的发家之道以及投资技巧等。转眼，聚会便接近了尾声，当小于准备掐掉手中的半支烟时，曾经的好哥们大胖瞅准机会凑了过来。

“兄弟，我这有一个很不错的项目，肯定能赚钱，但就是缺投资，你财大气粗，能不能帮我一把？只需要投资二十万，对于你来说不过是九牛一毛，怎么样，有兴趣吗？”大胖一脸诚恳地望着小于，等待着他的回答。

在同学聚会上，小于被同学们当成最成功最富有的人，如今的他自然不愿意自己打自己的脸，所以随口回答道：“投资才二十万啊，这还不容易，就算不赚钱，凭咱们的交情，我也肯定会帮忙。”大胖一听，脸都笑开了花，他随口接道：“实在是太好了，我回去就写一份投资计划书，只要你的投资到位，事情就成功了一半。”小于回应道：“好说，好说。”

一周后，大胖带着自己的投资计划书来到了小于的公司，并讲述了详细的计划方案，然而此时的小于却犯了难。他在同学聚会上不过是说说而已，根本没有投资的打算，尽管公司已经步入正轨，但所需要的流动资金也不是一个小数目，二十万不多，但如果真抽调出二十万给大胖投资，那么，公司的运营肯定会出现问题。但由于顾及面子，小于并不愿意承认自己资金紧张，所以便撒谎说自己喝醉了并不记得这回事。

结果可想而知，虽然大胖嘴上没说什么，但心里却已经有了看法：既然做不到，当初就不要说，说了，事到临头反倒不承认了，这实在不是君子所为。在大胖看来，小于只会开空头支票，根本不是一个言而有信的人，从此两人的关系也越来越疏远，越来越冷漠。

一个人的能力再强，也有做不到的事情，所以千万不要轻易许诺。刘墉曾经说过，不要在必输的时候逞英雄，也不必在无理的环境下讲道理。否则，你就永远没有讲道理的机会了。其实信义也是如此，一旦我们失信于人，那么要想再得到对方的信任就十分困难了，所以，无论如何都不要因为贪图一时的风光而开出空头支票，否则只能伤了别人，害了自己。

在与人交往的过程中，如果真能为对方雪中送炭，解燃眉之急，这固然是好事，但办事说话一定要量力而行，切不可说大话。尤其是在许诺的时候，一定要注意掌握好分寸，不要把话说得太满。有时候，并不是全力以赴就能事事顺利，因为很多客观因素是无法改变的，在正常情况下能做到的事情，放到特定环境中，很有可能会变成一项无法完成的任务，所以，许诺不可过于草率。

若逞一时之勇，怎得万世英名？然而，在现实生活中却有不少人对如此深刻的道理置若罔闻。有些事明知做不到，但为了一时的面子，为了脸上有光，丝毫不顾及是否会因此失信，反倒是大包大揽，以至于最后不仅丢了面子，还丢了朋友与做人的尊严。倘若做不到，就不要逞强许诺，只要向朋友说清，肯定能够赢得对方的理解，毕竟绝大多数人都是通情达理的。

那么，社会交往中的面子难道就不要了吗？面子要不要，关键是要看事情的“面子价值”和长远利益。逞一时的口舌之快，许诺的那一刻虽然面子十足，但这样的面子就像肥皂泡，阳光下五光十色，十分漂亮，但迟早都会破碎，到时候岂不是更没面子？有里子的面子才是真面子，所以先做一个言而有信的人吧，只有在这个基础上追求面子，才不会徒劳无功，毫无意义。

不想吃亏，就果断拒绝对方

“吃亏”一词在词典中的解释为“遭受不公正待遇”。在人际关系的范畴中，吃亏是指被动接受本身不愿接受的事物。其实，日常生活中偶尔吃些小亏，也是正常之事，只是当我们“吃亏过多”时，就应该考虑是不是因为自己太想做好人，才会习惯性地接受“吃亏”。

如果确实是因为自己扮演了“老好人”的角色而使自己吃亏，那么，我们就要想办法最大限度地避免吃亏，以使自己心理平衡。那么，能够尽量避免吃亏、使我们自主掌控人生的方法究竟是什么呢？没错，就是拒绝。若想在自己的人生舞台上出演主人翁的角色，我们就不能再坐以待毙，不能再对“吃亏”一事逆来顺受，应该要学会拒绝！

能力出众的程序员闵竹在公司中一向被大家称为“多面手”。每每公司推出新的项目，虽然所有人都在忙碌，但每个人的工作进度都不见有什么明显进展。然而，一旦临近任务交付期，大家便都会对闵竹的工作进展倍加关心，如果闵竹适时地完成了自己的工作任务，大家就会纷纷请求她的帮助，最后闵竹简直成了“超人”，她几乎要承担起所有的事情。

当项目结束以后，部门同事会不约而同地用“了不起”“真棒”等词对闵竹大加称赞；但是，一旦结果或者程序中出现了错误，人们又都会用抱怨的目光看待她。面对过分繁重的附加工作以及同事们不谢反怨的态度，闵竹虽然一直非常恼火，但在不知不觉中，接受他人请求已经成了她的一种习惯。

一次，闵竹在同时帮助众多同事处理工作的过程中，犯下了一个致命错误。其实，以闵竹的工作状态而言，出现这类问题绝非偶然。这次错误使闵竹背负了写检讨、扣奖金等一系列处罚，她为此付出了惨痛的代价。

问题出现以后，那些曾经受到过闵竹帮助的同事适时为她送去了安慰，同时也对她一直以来的工作表现给予了高度评价。但令人始料不及的是，闵竹所在的公司却突然陷入了经营危机，而紧随其后的就是所有人都不愿面对的减员问题。在这场减员风波中，闵竹因为该项目中的错误以及自己的临时工身份，最终失去了来之不易的工作。

此后，闵竹更换了许多工作，但由于她并不具备令人信服的工作经验，而且年龄也在不断增长，她始终未能跻身于公司正式职员之列。其实，与他人相比，闵竹在能力方面、在工作态度方面，都具有很大的优势，但她失去的反而更多。她失去的不仅仅是自信、青春、值得炫耀的工作经验、朝夕相处的同事，还有人生之中最为重要的、能够带给自己快乐情趣的公司生活。

当然，走到这一步，最主要的责任在闵竹。当回顾往日经历时，她才猛然发现，自己所走的每一步似乎都与“吃亏”二字形影不离，这不禁令她感到非常懊恼。

可是，为什么闵竹总是会选择“吃亏”呢？

事实上，一直影响闵竹人生境况的“吃亏”，与某日突然遭受某人伤害的吃亏在性质上大有不同。也就是说，闵竹陷入这种窘迫境地根本就怨不得别人，完全是自食其果。为什么要接受同事不合理的请求？就算能力允许，可以为他们提供帮助，但最起码也要通过正常程序进行交接吧，如果是这样，闵竹又怎么会平白无故地吃了“哑巴亏”呢？在面对同事们的附加要求时，她为什么不拒绝呢？

每日为工作奔波的闵竹，只不过是个普通人而已，她“放任”自己一味吃亏，最后落得一无所得。其实在我们的生活中，扮演着吃亏角色的人，远比我们想象的要多，而且他们也确实生活在吃亏之中。

那么，很多人为什么“放任”自己一味吃亏呢？究其原因，主要是“不好意思”心理在作怪。有些时候，我们本想拒绝，但碍于一时的情面，却点了头，结果给自己留下长久的不快。所以，如果并非心甘情愿，就一定要坚决拒绝。拒绝虽然会使对方感到不高兴，但是为了能够成为自己人生中的主角，应该拒绝的事情，我们就要果断地予以拒绝。

当然，我们也不可不分状况地一味回绝对方。我们应以熟练的拒绝技巧为基础，准确判断当前状况是否适合做出拒绝，要在对方能够接受的情况下，合理维护自身利益。

因为，只有当我们感觉自己完全可以自主选择时，人生才会变得更为轻松，才能够挖掘出自己的潜力。人际关系同样如此，如果我们不善于拒绝他人的请求，就会感到自己的人生正被他人牵制，丝毫不受自身控制。因此，我们要培养自己无论在任何情况下都能合理做出拒绝的自信心。

拒绝别人的时候，首先要注意拒绝的原则。拒绝的原则可以分为三类：第一，要拒绝请求的具体内容。第二，拒绝不针对人，而是针对请求。第三，不能由他人代替，必须由“我”亲自拒绝。我们只要时刻铭记这三项拒绝原则，在处理人际关系时，就绝对不会因为拒绝而产生不必要的误会或矛盾。

其次，拒绝别人后不要心怀愧疚，因为如果拒绝得当，对方即使被拒绝，也不会感到不高兴。正因如此，有些人在受到拒绝的情况下，依然会心情自然；反之，有些人尽管得到了应允，但心情却会显得黯然低落。

当然，是理应拒绝的事项，自然要果断拒绝，但与此同时，对于对方的心情、价值及重要性，我们必须加以肯定。这样，即便是遭到拒绝，对方也不会感到生气或是忧郁。

我们只要能够做到上面几点，在以后的人际关系之中，就会充满“只要我愿意，就可以随时拒绝”的自信。也就是无论在任何情况下都敢坦然拒绝别人的自信。

相信只要我们能够掌握有效的拒绝技巧，困扰已久的生活压力便一定会随之得到缓解，而我们的人生也会变得更加愉悦、更加幸福。事实上，要做到这一点并不困难，只要我们有恒心、肯付出、愿学习，就一定会拥有健康的人际关系。

再熟悉的人，也要学会说“不”

人活在世上，总会遇到一些为难的事情。每个人都会有同窗好友、同事朋友，与之相处的日子久了，自然会出现有求于彼此的事情。如果我们能办到的话应尽最大的努力去办，假若朋友提出的某些要求过分，不是我们个人力所能及的，就面临拒绝他人的问题。特别是亲戚朋友的一些要求确实是不近人情，因此处理这类问题时，我们往往感到很棘手，不知道该如何开口拒绝，明知道一些事情办不成，可又怕伤害了朋友之间的友谊。

所以当需要做“不”的决定时，我们往往就会变得犹豫不决；当需要大声地说“不”时，却沉默不语。对家人、朋友更是难以开口说“不”。因此，为了使他们满意而满足他们的每一个请求，最终使自己琐事缠身，很少有属于自己的时间，学习、工作、生活一团糟。

很多人都抱怨生活中有太多的尴尬和无奈，造成这种尴尬和无奈的原因，很大程度是因为我们不太会拒绝别人，不习惯说“不”。

> 秦桑并不是心理咨询师，可是在她身边，总有各种各样的朋友喜欢把自己的“隐私”说给她听。秦桑总是耐心地听对方诉说，时不时还会因为对方的不幸遭遇而

落下几滴眼泪。长期处于各种负面情绪困扰的秦桑终于承受不住这份压力了。

朋友之间聊天，不外乎是最近都有些什么活动和见闻之类的话题。而秦桑却成了公认的被倾诉者。一旦哪位好姐妹在感情上遭遇了挫折，都会把秦桑约出来，整整一个下午都哭诉自己的不幸。其实，她们都知道，秦桑并不能帮她们解决所有的问题，只是她们需要倾诉，需要把负面情绪释放出来。

如果说聊天的内容正常一点也就罢了，可是每每随着话题的深入，秦桑就会发现一些自己没有办法控制的事情。就在前几天，小李还在向她说怀疑自己的老公在外面有外遇，而红红整天都向她抱怨公司的待遇不好，董晴则是哭哭啼啼地告诉她，她又和男朋友分手了。秦桑从早晨一睁眼，就开始被别人这些杂七杂八的事情困扰着，以至于自己在工作的时候都无法把心思用在处理正常事务之上。

每次聊天结束之后，秦桑的朋友们全都像是获得了新生一般，她们的痛苦和委屈确实得到了发泄，而对于秦桑来说，本来好好的一个周末下午，却被无缘无故地笼罩上一层阴云。

有时候秦桑也不得不感叹，“知心姐姐”可真不容易当啊！而她还没有意识到自己其实已经处于一种危机状态之中了。

随着时间的流逝，姐妹们曾经对秦桑说过的话对她产生了潜移默化的影响。每次见到上司时，她总会想起红红说的那些话；见到董晴的前男友，秦桑的心中则会事先树起一条警戒线。最近，秦桑不但在工作上频繁失误，而且连家庭关系都开始变得紧张。直到有一天秦桑才恍然大悟，原来自己的正常生活已经完全被打乱了。

秦桑并没有觉察到，自己在倾听别人的诉说时，诸多的负面、消极情绪逐渐渗透到了自己的生活之中。到头来，不但无法帮朋友们解决实际问题，还让自身陷进了悲观情绪的影响之中。此时的秦桑，已经成了他人无节制倾诉的对象。

如何避免我们自己也变成“秦桑”呢？那就要学会对那些既浪费时间又没有实际作用的事情说“不”。学会说“不”、懂得说“不”，是一门重要的艺术，是作为“社会人”应具有的一项重要能力。我们需要学会用“不”的智慧保护自己，用“不”的力量说服别人，用“不”的方法正确决策，用“不”的秘诀改变人生。

有人或许说，朋友之间，有人遇到困难，我们理应伸出援手给予帮助。帮朋友的忙本无可厚非，但是要分清帮什么忙，不是所有的忙我们都能帮，也不是所有的忙我们都应该去帮。要让朋友明白，你有自己的事情，有自己的主意，有自己的坚持。不要因为朋友恳求的眼神、鼓动的语气，就放弃自己的初衷，改变了自己的意见。勉强地答应别人，可能会让你琐事缠身，焦头烂额，甚至是筋疲力尽，烦恼懊悔。

所以不要在需要说“不”的时候，犹豫不决，沉默不语，甚至觉得理亏脸红。一定要说得理直气壮，坦坦荡荡，自信飞扬。坦诚交友，进退有度，有自己的原则和底线，明确自己的思想和立场。

其实，当你的能力有限，无法帮助别人时，千万不要勉强，你应该毫不犹豫地学会说“不”，学会拒绝。说“不”不是不近人情，不是自私冷酷。只要你真诚地道出你的苦衷、你的原则，必能获得朋友的谅解，得到对方的尊重。因此，从现在起，请学着对别人说“不”吧！大声地说出来：“我不喜欢，我不想，我不！”

别让不好意思害了你

因人情做违心事，等于作茧自缚
恭喜恭喜，一定到！
信用卡已透支××××元
孩子考上一中了，明晚在富华酒店，一定来啊！
当人情已经演变成一种负担、一种束缚我们的牢笼时，不妨拒绝它、打破它，唯有冲破人情的束缚，才能破茧成蝶，舞出属于自己的人生。
无法办成的事，不要轻易答应
兄弟，我这里有一个好项目，就是缺投资，你财大气粗，能不能帮我一把？
哥们，你是不知道我的难处，昨天银行还在催我还贷款呢！等我把这一关过了，再帮你想想办法，这样行吗？
在与人交往的过程中，如果真能为对方雪中送炭，固然是好事。但一定要量力而行，切不可轻易许诺，如果将来办不到，反而影响双方的关系。
再熟悉的人，也要学会说『不』
我明天搬家，你的车够大，来帮我搬点东西吧。
实在不好意思，最近公司在赶一个项目，全员加班，真的请不了假。
当你因能力有限或情况不允许，无法帮助别人时，千万不要勉强，应该毫不犹豫地学会说“不”。只要你真诚地说出你的苦衷，必能获得朋友的谅解。

第二章　善于拒绝，在不伤和气的同时巧妙拒绝

拒绝要懂技巧，不要伤害对方的面子

在我们的生活当中，总要面对各种各样的人和事：有积极的，也有消极的；有符合自己意愿的，也有不符合自己意愿的；有我们乐意接受的，也有我们需要拒绝的。比如，有人需要我们帮忙，但我们却由于某方面原因而不能帮他时，就需要拒绝他。而直截了当拒绝的话，很难说出口，但我们又必须拒绝对方，这时，就必须要掌握拒绝的技巧。掌握了一定的技巧，我们才能轻松愉快地说出“不”字，才能使对方高高兴兴地接受“不”字。

比方说，在拒绝他人时，我们可以暂时做出错答，这是一种不错的拒绝技巧。这样可以转移其他听众的注意力，也可以使请求者领悟到其中拒绝的意思，避免因说破而造成尴尬局面和其他不良后果。

易连昆和小樱是毕业不到一年的大学生，他们已经在同一个公司工作了三个月的时间。在一起工作久了，

易连昆对小樱产生了爱慕之情，想要表白自己的心意。

小樱虽然心领神会，知道易连昆的心意，但是，小樱对他并没有男女之情。她很珍惜这份友情，不想将这份友情向爱情方面发展，但她感觉同事之间还是不要说破，保持一种纯真的朋友情为好。

这一天刚下班，同事们都在边收拾自己的东西边讨论去哪儿吃饭。易连昆走向小樱。小樱正和同伴菲儿商讨周末去哪儿玩，看到易连昆向自己走来，便知道他要说什么。于是，小樱下定决心，想到了拒绝他的方法，就和同伴一起笑着等易连昆走过来。

易连昆走到小樱的面前，有些犹豫地说："我有一个问题想问问你，你是不是喜欢……"

同事们都停下来看向这边，菲儿也很好奇地看着他们俩，小樱明白他的意思，就打断他说："哦！我喜欢你借我的那本书，我都看了两遍了，还没看烦，尤其是里面讲到的奇幻世界，真的很奇妙。"

易连昆以为小樱会错意了，想要说得更清楚一些，就急忙接着说："你难道看不出来我喜欢……"

同事们更好奇了，都起哄似的看着他们，小樱不慌不忙地又打断他，笑着说："我知道你也喜欢这类书，以后咱们可以交换一下学习心得，这样可以互相促进对方进步。"

易连昆有些心急，他干脆直截了当地问："你有没有……"

小樱看他要说出口，也有点着急，灵机一动，马上截住他的话，不让他有喘息的机会，又笑着说："这么巧呀，我确实早就有这个想法，我们也可以向其他人介绍这本书，互相交流切磋，共同学习。"

同事们听到这里都一哄而散，各干各的去了。易连昆听到这儿，又看了看小樱坦然的样子，霎时明白了她的意思，同时也非常感谢她的委婉，没让自己在同事们面前尴尬。

小樱三次截断易连昆的问话，使得他明白了她的想法，不再追问了。这比让易连昆直率问出来，而小樱当面予以拒绝，效果自然要好得多，同时他们以后见面也不会因此觉得尴尬，丢失纯真的友谊。

学会拒绝他人的技巧，既可减少自己心理上的紧张和压力，又可以表现出自己人格的独特性，也不致使自己在人际交往中陷于被动，生活就会变得轻松、潇洒些。在拒绝别人的时候，我们可以运用以下几种回答方法：

（1）婉拒法。例如，"哦，是这样，可是我还没有想好，考虑一下再说吧。"

（2）不卑不亢法。例如，"哦，我明白了，我认为你找对这件事感兴趣的人效果会更好，好吗?"

（3）幽默法。例如，"啊！对不起，今天我只好当逃兵了。"

（4）缓冲法。例如，"哦，我再和其他人商量一下，你也再仔细考虑一下，过几天再决定，好吗?"

（5）回避法。例如，"今天咱们先不谈这个，我想有一件事你更关心……”

（6）补偿法。例如，“真对不起，这件事我实在爱莫能助了，不过，我可帮你做另一件事！”

有时候拒绝需要很长一段时间，对方会不定时提出同样的要求。若能由被动变成主动而关心对方，并让对方明白自己的苦衷与立场，也可以避免拒绝他人时的尴尬与影响。当双方的情况都有所变化时，就有可能满足对方的要求。

懂得了拒绝的技巧，将会使我们受益无穷。有技巧地拒绝，不但不会给我们带来负面影响，反而能得到他人的敬佩与尊重。

当然，拒绝的过程中，除了技巧，更需要有发自内心的耐心与关怀。是发自内心还是随随便便地敷衍了事，对方其实都看得到。这样的话，有时更让人觉得你是一个不诚恳的人，对你的人际关系伤害更大。

有一大部分人会产生这样的想法，难道我们在现实生活中非要拒绝别人不可吗？我们在拒绝他人时都需要采用这些委婉的方法吗？其实在现实生活中，关于拒绝他人，我们还要注意以下问题：

第一，在日常生活，我们应该真诚地对待朋友和同学，积极地帮助他们。每个人都应该明白一个简单的道理“平时帮人，拒人才不难”。

第二，如果是由于自己能力或客观的原因，我们应该坦诚相对，说明自己的实际情况，同时，要积极帮对方想办法。

第三，对于某些情况，直接说“不”的效果更好，特别是对于那些违法乱纪的事情，更应持坚决的态度来拒绝。对于那些可能引起误解的事情，应该明确自己的态度，否则会“当断不断，反受其乱”。

拒绝他人是生活中的一种艺术与技巧，学会并灵活运用它，会使我们生活得从容不迫，也会使我们有一个良好的社会关系。要懂得在适当的时候用适当的方法说“不”，拒绝别人不一定是件坏事，如果我们没有时间、没有能力帮助别人，那么拒绝别人的请求是正确的选择。当我们拒绝他人时，要让对方心服口服地接受拒绝，而不要让对方产生被轻视或受到伤害的感觉。

坚持弹性原则，给出模棱两可的答案

模棱两可的回答或者敷衍的回答是一种有弹性的沟通方法，也是一种最常见的处世技巧。敷衍的回答是在不便明言回绝的情况下，模棱两可地答复他人。敷衍是一种艺术，运用好了，不但不会失信于他人，还会取得良好的效果。

所谓“不食言”，就是说到且一定做到。在许多时候，人们对说出的话、做出的决定，过不了多久就会后悔，乃至忘却，不再履行。然而，不论你有多么后悔，也要遵守自己做过的承诺。违背诺言会让自己更加被动，甚至赔上信誉。所以，不能轻易对别人食言。

有人说：“信用既是无形的力量，也是无形的财富。”这话一点也不夸张，毕竟谁都不愿食言。所以很多情况下，为了不食言，我们无法拒绝别人，虽然这时候拒绝是对别人的一种尊重，是为事情找到更好的解决方法的最佳途径。可是，为了不失信、不食言，只能用模棱两可这种有弹性的回答来回应对方。

如果对方比较聪明，能够明白我们这种模棱两可的回答背后的信息，可能会自动放弃。事实上，许多人在请求别人帮忙的时候，都是抱着莫大希望而来。这时可以给别人模棱两可的回答，不要决绝地拒绝别人，不要让人认为你是一个失信于别人的人，使自己陷入被动的局面。

人处在一个复杂的社会背景中，互相制约的因素有很多，为什么不选择一个盾牌挡一挡呢？食言本身是一件令人十分难堪的事，我们完全可以选择态度不是那么坚决，甚至有些模糊不清、模棱两可的回答来回复对方，这样，他们能够理解我们的做法，从而不会对我们抱太高的期望。

避开实际性的问题，故意用模棱两可的语言做出具有弹性的回答，既无懈可击，又避免了自己的信誉和诚信度受损。这样做既能让对方明白你的立场，也能充分保留自己的面子。

灵素和敏敏在同一公司上班，两个人在公司是同事，私下里关系也不错，是一对让旁人羡慕的好朋友。

一天，敏敏因为家中有事必须请几天假，而不巧这时她正准备和一位大客户签约，对手公司也在不断争取这位大客户，此时正是关键时刻。自己无法分身，想来想去，敏敏想到了同事兼好友灵素，于是开口请她帮忙去跟这位客户签约。

对方是自己的朋友，且自己也没什么要紧事，灵素就答应了敏敏的要求。可谁知这天，医院打来电话，告知灵素父亲生病住院了，灵素没有其他的亲人，只能自己去照顾。自己一边要忙工作，一边还要照顾生病的父亲，帮朋友去签约实在是分身乏术，可是自己又答应了敏敏，灵素一下子不知道该怎么办。灵素不得不拒绝敏敏，但是又不想让敏敏太伤心，于是便在脑海中反复思考着该怎样拒绝她。最后她对敏敏说："这件事比较困难，这几天我比较忙，过两天再看看吧。"

对于做事一向性急的敏敏来说，见灵素答应后又说了这样一句模棱两可的话，以为她在犹豫，就想：也许灵素需要考虑一下。于是并没有催促。

过了一天，敏敏又问到这个问题，灵素回答说："我也不太确定，你别抱太大希望，可能我去不了。"敏敏听灵素这样说，明白灵素可能真的没有时间，确实有事儿去不了了，就把这件事托给了别人，便急急忙忙赶回家去了。

灵素这边见敏敏找到了别人帮忙，也就放心地处理工作、家庭的双重压力了。几天之后，敏敏高高兴兴地回来上班，发现与那位大客户的合约已经签好了，灵素父亲的病渐渐好转，也已经出院。两位好朋友的关系并没有因为这件事受到任何影响。

如果灵素断然拒绝敏敏，两个人的友情可能会遭受波折。如果灵素沉默不语，会让敏敏觉得灵素已经答应了她的请求，就不会再找别人帮忙，那么事情会变得更加糟糕。

否定或拒绝他人时，可以运用一些模棱两可的语言。对于对方的要求似乎有肯定的因素却又仿佛有未能肯定的理由的，运用模棱两可的语言，可以让对方感到得到某些方面、某种程度的理解，从而不容易引起对方的反感和愤怒。同时，让对方意识到他的要求并未得到你的许诺，从而达到含蓄拒绝的目的。

当你面对别人的请求时，如果不能确定自己是否可以把对方请托的事办好，或根本就不想接受请托，可以用下面这些听起来模棱两可的回答：

“嗯，你说的事情我会考虑的。”

“这件事情比较困难。”

“我不确定这事能够办成。”

“我帮你问问看，如果不行我也没有办法。”

“也许可以吧！我不确定。”

“最近我比较忙，过两天再看看。”

“这件事等我回来再说好吗？”

如果你对情况把握不准，就应该把话说得灵活一些，最好用弹性的语气，给自己留下回旋的余地。多使用“尽力而为”“尽最大努力”“尽可能”等有较大灵活性的字眼，这种承诺能给自己留下一定的回旋余地。

为了不食言而给对方模棱两可的回答，可使对方明白我们的苦衷，相信我们不是没有信誉的人；如果生硬地否定或拒绝，对方则会产生不满，甚至仇恨、仇视你。把话说得委婉、模糊一些，这样做既不伤人，又不会使自己失信于对方，彼此还能和和气气，何乐而不为呢？

勇敢说“NO”，但要对事不对人

生活中难免会遇到这样的情况，亲人、朋友、同事等有时会要求你做一些事情。而这些要求有的根本就不合理，有的超过了你的能力范围，总而言之，你的内心是不情愿的。但是，你担心别人会因此而不高兴，甚至会影响到日后双方的交往，只好硬着头皮应承。然而，事后你自己却会因此感到沮丧。

就这样，你做着自己不愿意做的事，你允许别人不断地利用你，你心中的不满日积月累。有一天，你终于失去了耐心，把积累的怨气一并爆发，可想而知，结果将会非常糟糕。

由此可见，我们必须要学会拒绝，我们要能够勇敢地对别人说“NO”，只有这样，才能提高我们的工作效率和生活质量。

要知道，想做个有求必应的老好人并不容易，人们的要求永无止境，往往是合理的、悖理的并存，如果你不好意思当面说“NO”，轻易承诺了自己无法履行的诺言，将会带给自己更大的困扰。

因此，该拒绝时就一定要拒绝，并且一定要对事不对人，即让对方知道你拒绝的是他的请求，而不是他本身。拒绝之后，最好可以为对方指出处理其请求的其他可行办法。

安成和方宇是从小到大的好朋友。两个人的友谊已经有二十几年了。如今两人都已经参加了工作，虽然不在一个单位上班，但平时两个人还是经常带着各自的女友在一起聚聚。

有一天，安成气呼呼地来到方宇的单位，找方宇帮他一件事，为他的未婚妻报仇。方宇以为出了什么大事，急忙请假和安成走出公司。出来后，方宇向安成问清了缘由。

原来安成的未婚妻被公司的车间主任欺负了，安成非常恼怒，发誓要为未婚妻报仇，而且还买了一把锋利的弹簧刀，想要对付那个车间主任，但考虑到那个车间主任人高马大，自己一个人对付不了他，于是就想到请方宇帮忙，两个人一起对付他。

方宇听后，心中很明白，尽管那个车间主任不是好东西，确实应该教训教训他，但如果感情用事，刺伤了他，那是犯罪的。因此，方宇决定拒绝安成，并且也决定阻止安成，不能让他一时冲动，铸成大错。

于是，他问安成："你爱你的未婚妻吗?"

"爱，当然爱，如果不爱我才不管这事呢。"安成回答说。

"这就好，爱一个人不容易，真正爱上一个人，是不管她遇上多么大的不幸，都会永远爱她，相反，在她遇到不幸时还要帮她解脱出来。但是你这样感情用事，并不是爱她，这是在伤害她，使她更伤心。她也不会为此而感谢你，相反会恨你。坏人总是要受到惩处的，这要靠法律……"

安成听到方宇这样说非常生气，他冲方宇喊道：“我还是不是你的朋友，你怎么不帮我反而袒护那个主任，他给你什么好处了吗？你对我是不是有意见啊？”

方宇听了安成的话，走到安成的面前，真诚地说：“我拒绝和你一起去找那个车间主任不是对你有意见，我只是认为这件事不能像你说的那样做，并不是针对你个人。车间主任的行为是犯法的。这样吧，我的同事有一个做律师的好友，我帮你和你的未婚妻运用法律的手段来惩处车间主任，我相信，法律会给你们一个满意的答复的。”

安成听了方宇的一番话，打消了要报仇的想法，最终运用法律惩处了那位车间主任。而安成非常感谢这次方宇对他的帮助，两个人的友情也更加稳固了。

在上面这个例子中，方宇并没有为了朋友之情而感情用事，而是对事不对人，让安成运用法律手段来解决问题，安成也从中明白了自己的糊涂用事，最后问题也圆满地解决了。方宇拒绝了安成报仇的请求，假设方宇不这样做，为了朋友义气，而是满口答应帮助安成去报仇，结果肯定不堪设想。

对事不对人强调以“事”为中心，的确，需要解决的是问题，应该以“事”为中心。问题要解决到什么程度、什么时候解决、有什么标准、谁来做、大家如何做配合等，这就是“对事”：针对事件，围绕事情本身解决问题。

那么，什么是“不对人”呢？不对人，就是不针对人。虽然事情是人做出来的，但是，人是很复杂的，带有一定的主观性，这种主观性使得我们很难说清谁的想法一定是对的，或谁的想法一定就是错的。更为重要和关键的是，人的本性都是趋利避害的，人都是爱面子的，都是有情绪的，保护自己是人的第一反应，即使是用不恰当的方式。

所以，在拒绝别人的时候，拒绝者要尽可能地创造一个对事不对人的环境，把事情和人情分开：人是人，事是事。在这样的环境下，拒绝者不会因为人情而回避一些难以处理的事情。同时，要让被拒绝者明白，你所拒绝的一切是针对事，而不是人。如果能形成这样对事不对人的环境，被拒绝者会有更大的勇气承担拒绝者的任何决定，因为他知道这是为了更好地解决事情，而不是在难为他。这样，拒绝者也会变得很简单：在回答被拒绝者请求的时候不必过分顾忌感情，不必在意面子，而只需把注意力放在事情上。

要记住：无论你在任何时候、任何场合，对任何人、任何事，你都有权利说“NO”，因为这样你才能顾及自己的情况，而以真实的态度面对对方。

虽然在该说“NO”的时候要勇敢地说“NO”，但是一定要做到对事不对人，这才是真正有效的人际沟通。能和他人做有效的沟通，是你最有价值的资产；致力于有效的沟通，会使你的人际关系大为改观。

直接拒绝“冲力”大，那就绕着弯说

在拒绝他人时，态度要和蔼。不要在他人刚开口要求时，就断然拒绝；不要对他人的请求迅速采取反驳的态度，流露出不高兴的情绪，或者藐视对方，坚持永不会妥协的态度等。这些都是不妥当的方式，应该以和蔼可亲的态度诚恳应对。

如果在社交场合，你需要拒绝人时，不妨用下列方法试一试。

（1）有意推托。如“我转告他一声倒是可以，就是怕他误会了，还是你直接同他说为好了。”“这件事由我出面恐怕不太好吧！”

（2）尽量回避。如“哦，是这样呀，我没看清楚。”“我没注意，也不是太清楚。”

（3）故意拖延。如“今晚还有事，以后再说吧。”

（4）保持沉默。如“嗯，让我再考虑考虑……”

（5）另有选择。如“好是好，不过我更喜欢……我想会那个更好。”

（6）婉言回绝。如“我很理解你的心情，但是这样做，对你我都没有好处，你仔细想想。”

拒绝时，千万不要伤害对方的自尊心。特别是对你有过帮助的人来拜访你，要你帮他做事。为了情面，的确是非常难以拒绝的。不过，只要你能表现出尊重对方的态度，讲出自己的难处，相信对方也是会理解你、谅解你的。

以诚恳的态度明确地说出自己不得不拒绝别人的理由，直到对方了解你爱莫能助，这是一种最成功的拒绝方法。

迟雪是某教育局的人事科长，经常处于矛盾的包围之中：作为中层干部，上级的话她不得不听，即使是违心的事也要办；下边的事又不敢应，一应就是一大串，可谓苦不堪言。

在她极其苦恼时，她的一位好友提醒她，面对矛盾，何不采取回避锋芒的办法，这能使自己得到解脱。好友的一番话使迟雪茅塞顿开，连叹自己以前太笨。

掌握了这一处理矛盾的秘诀，再面对一些事情，迟雪坦然多了。

有一次，局里的刘副局长让她想办法将其侄子安插到某中学去。这不符合政策，让迟雪很为难，因为一旦出现问题，承担责任的是她，而非刘副局长。这时她想起了回避锋芒、不直接拒绝的退让之法，便小试牛刀。

迟雪对刘副局长说："好，我会尽心为您办这件事的，您让您的侄子把他的毕业证、档案材料给我送过来。"

当天下午，刘副局长的侄子就来了，但送来的只有档案材料，没有毕业证，因为他虽然读完了两年学制，但学业不精，自学考试才通过了七门，根本就没有毕业证，迟雪就让他先回去等候通知。

过了几天，刘副局长又过来问这件事情，迟雪先说了他侄子的情况，随后说道："刘局长，你说话算数，您同那所学校的校长谈谈，只要他们同意接收，我这就把您侄子的人事关系给开过去。"

刘副局长从迟雪的话里听出了弦外之音，只好说："那就先放放再说吧。"

迟雪对刘副局长的要求没有采取直接拒绝的方法，而是回避锋芒，既拒绝了不合理的要求，又达到了保护自身的目的。

迟雪明白，官场上的矛盾、冲突、痛苦，使大部分人都会处于战争状态。对于别人的一些要求，不能当场直接拒绝，一定要回避锋芒，委婉地回绝，这样既能使矛盾在迂回曲折中得到妥善解决，也能让自己的心灵自在、祥和，还会发现事情原本可以很简单。识时务者为俊杰，当你处于矛盾的漩涡中时，不妨暂退让一步，再伺机推脱。

避免直接拒绝别人可以对其先扬后抑，这是一种避免正面表述，间接拒绝他人的方法。先用肯定的口气去赞赏别人的一些想法和要求，然后再来表达拒绝及原因，这样不会直接伤害对方的感情和积极性，而且容易使对方接受，并为自己留下一条退路。

有时对方有急事相求，而你确实又没有时间，无法帮助他时，考虑到对方的实际情况与心情，为了避免对方误会，可以首先表现出自己积极的态度，然后再表示你不能立即办好，会换个时间办理。而对方是急事，要求必须立即办好，此时他就只能另找他人了。

有时候，避免直接拒绝他人也可以用暗示法来达到拒绝他人的目的。有些人喜欢通过说出自己困难的方法来暗示他人以投石问路，这时，你也可以采用同样的方法来表示你的拒绝。因为对于他们来说，表达出“不”最好是通过他们容易接受的办法。当然，与此同时，你可以表示出深深的同情与理解，也可以为他出个主意，表达出你对他的关心和自己的无能为力，同时为其送上自己的良好祝愿。

在拒绝别人时应该做到“六不”和“四要”，使对方了解你的苦衷和歉意。

不要立刻就拒绝：立刻拒绝会让人觉得你是一个冷漠无情的人，甚至觉得你对他有成见。

不要轻易地拒绝：有时候轻易地拒绝别人，会失去许多帮助别人和获得友谊的机会。

不要盛怒下拒绝：盛怒之下拒绝别人容易在语言上伤害别人，让人觉得你一点同情心都没有。

不要随便地拒绝：太随便地拒绝，别人会觉得你并不重视他，容易造成反感。

不要无情地拒绝：无情地拒绝就是表情冷漠，语气严肃，毫无通融的余地，会令人很难堪，甚至反目成仇。

不要傲慢地拒绝：一个盛气凌人、态度傲慢不恭的人，任谁也不会喜欢亲近他。何况他有求于你，而你以傲慢的态度拒绝，别人更是不能接受。

要婉转地拒绝：真正有不得已的苦衷时，如能委婉地说明和拒绝，别人反而会因你的诚恳而感动。

要有笑容地拒绝：拒绝的时候，要面带微笑，态度要庄重，让别人感受到你对他的尊重、礼貌，就算被你拒绝了，也能欣然接受。

要有出路地拒绝：拒绝的同时，如果能提供其他的方法，帮他想出另外一条出路，实际上还是帮了他的忙。

要有帮助地拒绝：也就是说你虽然拒绝了，但却在其他方面给他一些帮助，这是一种慈悲而有智慧的拒绝。

同样是拒绝别人，不同的拒绝方式给人的感受是不同的，委婉的拒绝能让人接受和理解，而直接拒绝则使人恼怒和反感。所以，同样是拒绝，我们应该多注意方式，多讲究艺术。

不伤和气的拒绝术

×

不要傲慢地拒绝，一个态度傲慢的人，谁也不喜欢亲近他。

✓

真正有不得已的苦衷时，如能委婉地说明，以婉转的态度拒绝，别人还是会感动于你的诚恳。

×

不要太随便地拒绝，否则别人会觉得你并不重视他，容易造成反感和抵触情绪。

✓

用开玩笑的方式，既可以委婉地表示拒绝，使场面不至于太尴尬，还能缓解对方被拒绝后的郁闷心情。

第三章　纵横职场，你可以说“不”

我不是长舌妇：拒绝流言蜚语

有人的地方，就有矛盾；有矛盾的地方，就避不开流言。

有人说，世上最可怕的不是能杀人的利刃，而是杀人不见血的流言。一代电影明星阮玲玉，于1935年3月8日在上海新闸路沁园村的住宅里服安眠药自尽。如昙花般的阮玲玉就是受不了流言蜚语，对爱情与婚姻彻底绝望，才在舆论的巨大压力下选择了自杀，年仅25岁。

所谓流言，就是指没有事实根据的言论，散布这些东西，除了能让舌头多运动几下过过嘴瘾，对你的人生和事业没有任何帮助，还有可能伤害到别人，损害自己在朋友、同事和上司心目中的形象，损人不利己。

《战国策·秦策二》中记载了这样一个故事：有一个跟曾参同名的人杀了人，有好事之徒跑到曾参家里，对曾参的母亲说：“快跑吧，你家儿子杀人了。”曾参的母亲当然不相信，说：“我儿子不会杀人的。”仍旧泰然自若地织着布。过了一会儿，又一个人跑进来说：“你儿子杀人了。”曾参的母亲还是不信，继续埋头织布。过了一会儿，又有一个人慌慌张张地跑过来，说：“快跑快跑，你儿子杀人了！”曾参的母亲害怕了，连大门都不敢走，翻墙头逃跑了。曾参是有名的贤德之人，他的母亲对他也非常了解，知道他根本不可能杀人，可是经不住众人的一再相告，竟然相信了曾参杀人的流言。“谎言重复一千遍，就会变成真相”，这就是生活中流言的心理效应。

的确，在我们周围，总是有人喜欢传播一些谣言，而谣言就像空气中的病菌一样，很容易就扩散开来。在一个复杂而忙碌的工作组织中，难免会有流言蜚语、小道消息。流言的内容主要涉及领导班子调整、人事变动、个人升迁等一些敏感问题。它具有传播速度快、受众范围广的特点，对人们的思想、情绪产生的影响大多是负面的、消极的，对开展工作极为不利。

瑶佳是一个颇具才能、青春靓丽的女孩，让同事们羡慕不已。因为工作认真、态度积极，公司一度考虑将她提升到管理层，但是每一次的提案最后都被搁浅了，令瑶佳十分苦恼。

瑶佳开始十分不解，自己的问题到底出在哪，为什么总是在领导层投票的时候被否定？在最近的一次领导的年终意见中，瑶佳终于明白了原因——其中一位领导人给她的建议是：避免经常与他人议论各种是非，不要传播流言蜚语，才能成为一个好的管理者。

现在，一些单位和部门都有这种现象，有些员工不在工作和学习上下功夫，专爱打听、传播小道消息，今天说张三升迁了，明天说李四有了婚外情……这一部分人，虽然是少数，但严重干扰了我们的视线，影响了我们的正常工作。

在背地里议论别人的是非，绝对不是所谓的“交流”或“分享”，而是个坏习惯。要想自己的事业有所发展，一定要戒掉这个坏习惯，不做流言蜚语的传播者。

李红这段时间不得不让自己每天加班到深夜才回家，加班的原因并不是公司业务忙，而纯粹是两位领导之间的明争暗斗。李红所在部门的经理在今年就要退休了，公司老总为了使该部门的领导可以及时衔接上，便从其他部门调回了一个工程师来做副经理。现在，对于部门的两个领导来说，怎样领导下属成了两人争论的焦点。为了证明自己的实力，两个人分别对自己所领导的下属开始了业务加班的比赛。

两个领导的争斗对他们本身没什么大的影响，因为老经理总要退休，而新经理总是会升上来的。但天天加班使得部门的很多员工都心怀不满，大家都在各种空闲时间对两个领导大肆地加以讨论。李红在这种环境的影响下，怨言也多了起来。她经常会与同事们议论领导的各种私事与公事，而且公然地表达了自己的不满。

几个月后的事情让李红始料未及：她和其他几名

员工被“发配”到了全公司工作最苦、最累的业务部中。他们几个人都是搞技术出身的，怎么可能会应付得了业务部里那些伶牙俐齿的小伙子与小姑娘？李红几个人对此非常不满，他们一起去找新上任的经理理论，但对方的一个理由就将几个人打了回来：“你们不是喜欢议论别人的是非吗？嘴巴厉害就到需要‘嘴巴’的地方去吧！另外，这个月业绩达不到3万的就自动离职吧！”

李红他们当时就呆住了，就算是老业务员也不可能一个月做到3万的业绩。他们知道，这是新经理对他们当时传播他的小道消息进行的报复。李红明白，这个单位已经没有了自己的容身之所，只好辞职重新找工作。

闲言碎语往往与职场上的人际关系有着很大的关系，一旦自己成了流言传播中的小小的一环，就很可能会陷入一种明争暗斗的危险之中。特别是传播关于上层领导的流言，更容易使自己陷入危险。

所以，做一个聪明的“流言终结者”，既不让流言把你打败，也不让有关别人的流言从你这里流出。这样的你，才是聪明的。

瓜田李下闲话多：拒绝办公室暧昧

歌德曾有一句名言：“哪个青年男子不善钟情，哪个妙龄女郎不善怀春？”人值青春年华，总要恋爱、觅偶，这是人之常情。可是，对职场中的人来说，办公室恋情是危险的。在办公室里谈情说爱，往往会遭遇人际危机。这样的恋情不仅不牢固，反而极其脆弱，后患无穷。

俗话说：“兔子不吃窝边草。”可男女间的缘分就是这么防不胜防。如果一不留神被同一个战壕里工作的同事爱上了，你该怎么办？尤其是当他冒着“危险”向你表示“我爱上你了”的时候，你该如何应付呢？

薛丽华已经进入大龄女青年的行列，有一位长辈给她介绍对象，让她去相亲，她虽极不情愿，却也架不住长辈的软磨硬泡，只好去了。

到了茶楼的雅间，那位长辈和男子早已等候在那里。薛丽华走进去，看到那位男子时，一下子便傻了眼，脱口叫道：“王城，怎么是你？”那男子也吃惊地问：“怎么会是你？也太巧了吧？”长辈见此情景，便问他们是不是早已认识。那男子说：“何止是认识，我们是同一个办公室的同事。”长辈听了，大笑起来，说这是缘分，便拉薛丽华到桌前坐下。

可是，薛丽华坐下后，却一脸尴尬，不知说什么好。王城更是结结巴巴，老半天说不出一句完整的话来，看样子，比薛丽华更尴尬。

他们的尴尬，并非仅仅因为遇到的是同事，更是因为王城曾追求过薛丽华，但薛丽华拒绝了他。薛丽华是个自尊心很强的人，此时，她心里想的是：我拒绝了他的热烈追求，却跑来相亲，他一定会认为我假扮清高。

那位长辈不明就里，不停地向王城夸薛丽华的温柔贤淑，向薛丽华夸王城的稳重敦厚。但是，薛丽华心里明白，自己在办公室里的表现并不是什么温柔贤淑，而是争强好胜；而且为了拒绝他，自己还一度刻意装得泼辣刻薄。

就这样尴尬地坐了好一会儿，两人除了客套话之外，几乎没说过其他的话。后来，有位好友打电话找薛丽华，她便趁机找了个借口，溜之大吉了。

回公司之后，薛丽华见到王城，只觉得被他发现了自己的秘密，尴尬极了，所以处处躲着他。可是王城却一改往日的行事风格，隔三岔五邀请薛丽华吃饭、泡酒吧、打保龄球、桌球。有时薛丽华并不想去，但看到他那诚恳的眼神，又想到自己曾经拒绝过他，所以不好意思再次拒绝。而王城每次出差都会为她带回些别致的小礼物。这些当然逃不过外人的眼睛。

时间久了，薛丽华便发现背后有人指指点点了，私下里议论她和王城的关系不简单。

薛丽华一时间不知道该怎么办才好。

爱情虽然是很美好的事，但有的时候被一个自己不中意的人单方面喜欢和追求确实是令人困扰的。而这个时候，我们需要做的就是拒绝。“拒绝”两个字看起来是很冷漠的，人们都不喜欢被拒绝，善良的人也往往不忍心拒绝别人，尤其是拒绝一个爱你的人，可能会让你觉得是一件很残忍的事，可是“拒绝”却常常是必要的。因为它不仅能让你免于烦扰，也能够使对方得到成长，让他从这段不现实的感情羁绊中解脱出来。

1. 面对高傲自大者，直接拒绝最有利

一位道貌岸然的男士正对一位年轻貌美的女孩子进行“猛烈攻势”：“喂，小姐，我能请你看电影吗?”

“不，谢谢你的邀请。”女孩子回答道。

“喂，小姐，”那位先生穷追不舍，“你要搞明白，我可不是那种随随便便邀请女孩子看电影的男人呀!”

“你也要搞清楚，我也不是那种随随便便接受任何一位男士邀请的女孩子!”女孩子以牙还牙道，说完飘然而去。

对于这种自我感觉良好的家伙，你无论采取什么办法都是徒劳的。他就像一只挥之不去的苍蝇一样令人讨厌。对付这种人，唯一的办法就是不给他任何机会。

2. 请自己的男(女)朋友当掩护

外贸公司的小王对刚来公司不久的丽娜颇有好感，想方设法献殷勤。一次，小王趁办公室没人，把一套高档内衣放到丽娜桌子上。因与他只是一般关系，直接回绝怕对方难堪，丽娜略作思考便微笑着说：“这套内衣真漂亮，不过这种式样的，我男朋友给我买过好几件了，你留着送你女朋友吧。”

这么说，既暗示了自己已经“名花有主”，又提醒对方注意分寸。小王听了，自我解嘲地一笑：“没关系！没关系！”

3. 要给对方留面子，切不能伤人自尊

别人追求你是看重你，是对你有好感才有所暗示。拒绝对方而不留面子，不仅会破坏你们的关系，而且会影响你们今后的交往和工作，所以绝对不能以伤人自尊的方式拒绝对方。

侮辱求爱者，是一种不讲恋爱道德的表现，不论对人对己都没有好处。有的求爱者受到嘲弄、侮辱后，恼羞成怒，进行报复；也有的因求爱者被侮辱，其他人也以此为戒，不敢再向他（她）抛出求爱的彩球，这势必要妨碍他（她）选择佳偶。

拒绝对方时应真诚、友善、婉转，使对方容易接受，任何挖苦、辱骂都是对求爱者的损害和侮辱，都是极不道德的。比较好的方法是，不论自己如何讨厌对方，一旦对方向你求爱，都要很有礼貌地先说声“谢谢”，然后再婉转地拒绝对方。

4. 打到敌人内部去

当你已经非常清楚对方有另一半的时候，面对暧昧的邀请，你可以选择打入“敌人内部”的策略。你可以想方设法和对方的另一半成为好朋友，在他向你发出暧昧的邀请，而你又不得不去的时候，设法叫上对方的另一半。相信此时，对方一定不会再和你胡来了，否则就只有吃不了兜着走的份了。

《杜拉拉升职记》中有这样一个场景：趁着老板娘来公司之际，杜拉拉以性骚扰的方式威胁老板，她扯开衣领，吓得老板不得不妥协并感叹道：“为什么惊喜总是姗姗来迟?”

其实，在我们拒绝了暧昧的邀请以后，也该时常反思一下自己。是不是自己的某些行为让对方产生误解了？是不是自己的穿着太暴露了？是不是自己太口不择言了？在拒绝别人发出的暧昧邀请的同时，我们更应该拒绝自己主动发出暧昧的信号。

巴恩菲尔德说：“爱情是魔鬼，是烈火，是天堂，是地狱，那里有欢乐，有痛苦，也有苦涩的忏悔。”所以，我们一定要把握住自己，不允许自己“滥情”，更不允许自己接受别人的“滥情”。

从此不做月光族：拒绝频繁聚会

月光族，喜欢听贝多芬《月光曲》的一族？不，是月月吃光用光一族。

月光族很好辨认，他们的衬衫领子上没有纽扣洞，上班总是西装革履，拎一只公文包并且行色匆匆；年龄 20 岁到 30 岁，风华正茂；他们进出写字楼，坐在豪华的办公室；他们站在车厢里的姿态都与众不同，似乎显示出一种异乎常人的优越感。

他们下班喜欢三五好友相邀去酒吧小酌两杯；他们吃完饭后会抢着付钱，一副“让我来，不然我跟你绝交”的架势；他们从不在家开伙，一日三餐在外。

他们的薪水从几千元到上万元不等，可每个月总是过得紧巴巴。在每个月发工资后很嚣张地过一个星期，然后淡定地过一个星期，接着无奈地过一星期，最后在对工资的无限期待中过一星期。

这就是月光族。“富，富不过30天；穷，穷不了一个月”，这是对他们最生动的写照。

月光族的口号是：挣多少花多少。

加入月光族的唯一条件：工资月光，不剩一分，只许负债，不可盈余。

月光族的成因：缺少理财锻炼，不会管理开支。

王一可是一名国内航线上的空姐，按说空姐的收入都是非常可观的，基本工资再加上加班费和奖金，每月收入不少，然而她却是个典型的月光族。她经常飞得很累，还要忙着加飞，有时一些小感冒她都不请假，照样飞，为的就是能多积累点钱。可是即使奋力赚钱，她仍然总是没等下个月工资到账，就已囊中羞涩了。

王一可的爱好比较广泛，唱歌、跳舞、画画。下班后，她习惯回家吃饭、看书、上网、陪家人，也偶尔跟同事吃饭、K歌。

王一可不买昂贵的化妆品，也不买国际一线品牌的服饰。在同行里面，王一可已经够省的了。那为什么她每个月总是入不敷出呢？说到底还是面子惹的祸。

王一可有三五个铁姐们，她们唯一的爱好就是下班后打麻将。有一次，牌友们三缺一，于是她们硬拉着王一可去凑数。没想到有了第一次便有了第二次、第三次，每次牌桌上出现空缺，她们总是想到王一可。

渐渐地，一遇到同事下班约她打麻将，王一可心里就五味杂陈。本来就不太会拒绝人的她也曾说过“不想去”，但在同事的软磨硬泡下，每次到最后都被迫陪打。同事们“游说”的那些话，王一可随口就能背出几句：“哎呀，就是几个同事耍一会儿，不会有好大的输赢，就当是混时间。”“去嘛，你看我们三缺一心里好受啊？”……

于是，王一可每个月要被迫陪同事打七八次麻将。本来就不太会打牌的她“很受伤”，基本上每次打麻将都会输掉三四百左右。

当提及同事为何选她打麻将而不是其他人的时候，王一可猜测道：“可能她们一是知道我不会拒绝人，几句话一说就动摇了；二是知道我麻将打得不好，人又比较耿直，觉得我的钱比较好赢，随便输多少都不会吭声，也不会跟其他人乱说吧。”

但对王一可来说，下班被迫打麻将给她带来的困扰远不止输钱那么简单。本来这个月，她要参加一个征文比赛，就因为同事老是约她打麻将，最后她错过了交稿时间。下班后就去打麻将，回到家都深夜12点多了，洗漱完就凌晨1点多了，想想第二天还得上班，她根本就找不到写文章的状态。

虽然是被迫打麻将，但是王一可也怕自己上瘾，所以心理压力一直比较大。每次打完麻将，她晚上睡觉都梦见打麻将，弄得自己精神状态相当不好。

不懂得拒绝别人反映的是现代职场的人际关系。对于都市白领，特别是对王一可这类人群而言，这是由职场人际关系心理障碍所造成的。

因为现代职场人际关系比较淡漠，这类人群对这种关系充满了恐惧，很担心如果拒绝，会被当作不随流、不合群的另类，因此即使不喜欢也会硬着头皮参加。不过，这种违背自己意愿的行为往往会适得其反。

人在社会上打拼，谁都不是款爷。所以，要想摆脱月光族的身份，就要尽量少参加酒会、牌局等高消费活动。一方面是为了节约开支，另一方面防止自己深陷其中，不能自拔。

我们所接受的传统教育是温文尔雅、谦恭礼让、乐于助人等思想，这些思想告诉我们对于他人的请求不能随意回绝。但是，我们办事也要讲究原则，不符合原则的事坚决不能办。所以我们要学会拒绝，凡事量力而行，但不能伤感情。

《红楼梦》中的林黛玉是在母亲去世后投奔外婆家的，虽然贾母十分疼爱她，但是她却总有寄人篱下之感，所以，进贾府后始终是“步步留心，时时在意，不肯轻易多说一句话、多行一步路，唯恐被人耻笑了他去”。其中有一个“黛玉辞饭”的故事，让人回味：

> 邢夫人苦留吃过晚饭去，黛玉笑回道：“舅母爱惜赐饭，原不应辞，只是还要过去拜见二舅舅，恐领了赐去不恭，异日再领，未为不可。望舅母容谅。”邢夫人听说，笑道：“这倒是了。”遂令两三个嬷嬷用方才的车好生送了姑娘过去，于是黛玉告辞。

这一番话十分得体，既表达了对邢夫人的感激和尊敬，又表现了自己懂礼节、识大体。

要拒绝别人光是说“不”是不够的，还得要有充分的理由才行，特别是那些盛情难却的邀请。现实生活中，因为没有注意拒绝方法而导致人际关系紧张、友谊疏远破碎，甚至反目成仇的事例并不少见。所以，当我们静下心来，认真思考一下这个问题，就会发现拒绝还真不是一件容易的事情。

1. 见招拆招法

海瑞有一次严厉地处罚仗势侵夺民田的董其昌。一些官员来替董其昌解围，对海瑞说：“圣人不做过分的事。”海瑞说：“诸公岂不知海瑞非圣人也！”就把说客顶了回去。巧妙的一句话既表达了海瑞秉公执法严办董其昌的决心，也使得说客碰上了软钉子，无言以对。

2. 金蝉脱壳法

小王不善饮酒，但一次公司年会上，大家都吵嚷着让小王使劲儿喝。情急之中，小王悄悄给岳父发了条短信，让他给自己打个电话，叫自己回去。果然，就在大家要灌小王时，他的电话响了，里面传来岳父严厉的声音：“小王，大半夜在外面鬼混什么？家里有事，马上回来！”小王马上装作很不情愿的样子，对大家说：“对不起，各位，我岳父发怒了，我得赶回去，你们吃好喝好！”众人看小王一脸惊慌，也不好再说什么。

3. 先扬后抑法

也可称作先承后转法，这是一种避免正面表述，采用间接出击的技巧。对于别人的一些想法和要求，先用肯定的语气表示赞赏，再来表达拒绝，这样不会直接伤害对方的感情和积极性，而且容易使对方接受，并为自己留下一条退路。

俄国著名钢琴家鲁宾斯坦，有一次在巴黎举行演奏会，获得巨大成功。有一位贵妇人对他说："伟大的钢琴家，我真仰慕你的才华，可是演奏会的票已经卖光了。"鲁宾斯坦手中也没有票，又不愿给举办者增添麻烦，当然不想答应她的要求，但是，他没有直接拒绝。他平静地答道："遗憾得很，我手上一张票也没有。不过，在大厅里我有一个座位，如果您高兴……"贵妇人非常兴奋地问道："那么，这个位置在哪里?"鲁宾斯坦答道："不难找，就在钢琴后面。"

4. 含糊其辞法

比如："今天我请客，请您务必光临！"

"今天恐怕不行，下次一定去!"

下次是什么时候没有说定，这实际就给人一个含糊其辞的概念。对方若是聪明人，就一定能听出其中的道理，也不会再强人所难了。

世界著名影星索菲亚·罗兰在她的《生活与爱情》一书中，曾记下卓别林与她最后一次见面时，送她的一句忠告："你必须学会说'不'。亲爱的索菲亚，你不会说'不'，这是个很严重的缺陷。我也很难说出口。但一旦学会说‘不’，生活就变得好多了。”

所以，学会拒绝吧，它会让你的生活变得无比轻松。

朝九晚五，不是朝五晚九：拒绝无偿加班

“世界上最痛苦的是什么?”“加班!”“比加班更痛苦的是什么?”“天天加班!”“比天天加班更痛苦的是什么?”“天天无偿加班!”

“不在加班中病态，就在加班中变态。”

“84 小时内无法完成自己的工作——无能！公司给了你 84 小时内根本无法完成的工作——无情！觉得加班可以获得领导更好的印象——无知！也没什么事，反正下班就不想走——无聊！白天不工作，就为蹭加班费——无耻！真的遇到无情的公司只好加班——无奈！也没有加班费，就是想加班，不加班的话，吃大米饭都会过敏——无话可说！”

这些关于加班的戏言或怨言，在调侃之余，也真实地反映了职场人的生活和工作现状，因为加班已经成为他们生活的组成部分。

现如今，城市的生活节奏越来越快，人们的压力也越来越大。在一座座高级写字楼里面工作的白领们，却要为这些负面效应埋单。当“朝九晚五”变成“朝五晚九”时，很多人渐渐感觉麻木不仁、精神涣散、前途渺茫。

林青拖着疲惫的身躯回到住处时，已经是午夜12点了。屋子已经有近一个月没有好好打扫了，到处都是一次性餐盒和作废的设计图。林青找来笤帚胡乱扫了扫，感觉有些头晕，便躺在沙发上。沙发上堆满了衣服，林青抱起一团堆在左边沙发上的衣服，顺势扔到右边的沙发上，顿时右边沙发上的衣服又高出了一大截。沙发上终于有了一个空位，林青艰难地把自己塞进去，手握遥控器，随便选了一个节目。在他看来，躺在软软的沙发上，悠闲地看十几分钟肥皂剧，就是一天中最悠闲的一刻。

电视上花花绿绿的图案在林青脑子里打转，他渐渐地快睡着了。忽然一阵急促的手机铃声响起，刹那间林青心头一紧——又来活了。

果然，是老板打来的电话。今天递交的方案有很多地方不够完善，需要改改，明天早上直接交给客户。林青揉揉眼睛坐到了电脑前，白光蓝光在他脸上晃着，键盘声响个不停，他感觉自己像个特工。

“外企的工资不是好挣的。”林青常常这样心有感触地说。从五年前在这家公司做实习生开始，加班就成了家常便饭。

刚开始，他还经常自我安慰，认为自己多做一点事情，就能有更大的业绩，从而会多一份得到上级赏识的机会。于是，他把加班当成一个员工必须要付出的代价。顺理成章地，林青因为表现优秀而成功通过试用期，成为极少数留下来的实习生之一。

可是，当林青认为自己成了正式员工，终于可以享受朝九晚五的合理待遇时，加班的问题接踵而至。按时下班对林青来说几乎是奢望。因为加班，林青多次推掉了和朋友的小聚，搞得朋友们说他比总理还要忙。

一次，在下班回家的路上，林青在公交车上睡着了，他做了一个梦，梦见自己变成了终日生活在转轮里的仓鼠，拼命蹬车，就为了拿到悬挂在轮子外面的那一块奶酪，但无论轮子蹬得多快，它都无法吃到近在眼前的奶酪。

国外有一项研究显示，超时工作应被列入心脏病的风险因素。研究人员发现，每天比其他同事工作时间更长的办公族，心脏病危险系数明显更高。

越来越多的人觉得，生命中比工作更重要的事情还有很多，特别是一些年轻的白领在工作中累死或猝死的事件频频发生以后，长时间工作的人不再被视为英雄，反而被看作不懂生命的人。那些晓得如何拒绝长时间工作的人，将是未来的领导人物，因为他们看得更长远。

事实上，拒绝加班，并不是和老板公然对抗，而是用更为智慧的方式来争取自身的利益。想要拒绝加班，全权分配自己工作之外的作息时间，就需要学会下面几招：

1. 编造理由法

当你遇到有些工作明明周一来做也来得及，上司非要你周末来加班完成的情况时，你可以这样拒绝："经理，这个周末我亲戚要来看我，真的不能来加班。不过您放心，所有的资料都已经备齐了，下周一下午我就可以把报告做完。客户周三才到，我还有一天半的时间可以复核审查，保证没有问题！"

上司通常不需要知道你的工作过程如何，而只想看到结果。如果你对他做了这样的保证，那么他当然不会再表示反对。不过请注意，你的这份承诺也意味着给了他一个可以接受的最后期限，倘若下周一下班前你没有搞定报告，或即使做完，内容却十分糟糕，那么你将会失去上司的信任，届时恐怕永远都不需要加班了。

2. 提前准备法

利用每天下午下班之前的一两个小时，向老板询问有没有临时的工作安排。你可以这样说："老板，我今天想要正点下班，请问您这里有需要临时处理的文件吗？"如此，不但让老板觉得自己得到了应有的尊重，而且在维护你"正点下班"这一权利的同时，留下了可以协商的余地。

在询问的时候，一定要坚持住自己的立场。千万不能使用商量的语气，如"老板，我今天可以不加班吗"，这样往往会招致否定的回答，还会在老板的心目中留下好吃懒做的印象。

3. 义正词严法

若你在上司眼中并不算优秀员工，而只是个私生活时间较少、可以随时拿来蹂躏的"软柿子"，那就请你直接告诉对方："对不起，我今天恐怕无法加班。毕竟我也有自己的家人和朋友，需要有自己的生活空间。而且加班时数已经远远超过其他同事，因此我今天拒绝加班。”

当然，这一招所带来的风险就是，你很有可能“炒了老板的鱿鱼”。所以，若非身处严格照章办事的大公司，这一招还是少用为妙。

4. 嫁祸于人法

如果上司非常需要找帮手来解他的燃眉之急，而你又有十万火急的事情要处理，你不妨给自己找个替死鬼：“不过我知道，阿强这个月一次班都没有加过，而且最近他事情比较少，如果您真的要找人加班，我推荐阿强。”

可口可乐总裁曾说：“我们每个人都像小丑，玩着五个球，这五个球是你的工作、健康、家庭、朋友、灵魂。这五个球只有一个是用橡胶做的，掉下去会弹起来，那就是工作。另外四个球都是用玻璃做的，掉了，就碎了。”

现在，请你静下心来想想，你有多久没有和知己一起说话谈心了？你有多久没有陪爱人逛街了？你有多久没有陪年迈的父母吃顿饭了？所以，拒绝那些额外的加班吧，到点下班，放下工作，回去多接近和善待那些真正对你很重要的人，因为他们记得的不是你在工作上的成就，不是你的升职加薪，而是和你相处的欢乐时光。

我不是“老白干”：拒绝分外事

老板的快递到了，但老板不在，签还是不签？同事休假却正好有他不得不去完成的工作，帮不帮他顶一把？要给客户演示的 PPT 似乎不够好看，需不需要顺手美化一下？或者是在重要会议上，某个同事陷入尴尬，要不要帮他解围？

在职场上，诸如此类的分外事随时都在发生，做还是不做？

一些员工每天都忙忙碌碌，但他并没有做出什么很有效的成绩，这是为什么呢？其中有一个很重要的原因就是他们不懂得拒绝，大事小事统统全包，不分先后，不知道做好协调，只要别人一开口，他就会忙前忙后地忘了更重要的事情，“捡了芝麻，丢了西瓜”。

陈莉去年大学毕业之后，应聘到一家服装外贸公司上班，公司除了老板之外，还有十来个同事，有财务，也有文员，所以陈莉想，作为一个外贸员，做好自己的业务开发工作就行了，工作职责应该是分明的。

可惜办公室的职责并不是那么泾渭分明的，上班不到一个月，陈莉就发现问题接踵而至。

先是有一天，她不小心把水杯打翻了，在擦桌子、拿拖把拖地时，被老板看到了，老板以为她在打扫卫生，先笑眯眯地表扬她："小陈就是勤快！"接着吩咐："待会儿顺便也帮我整理一下办公桌吧。"陈莉愣了一下，考虑到当着那么多同事的面，不好驳老板的面子，就乖乖地应承了。结果，隔三岔五，这差事就落到了她的头上。幸好，频率并不是太高。

接着是有一天，陈莉看同事做报价表时，Excel 操作得不太熟练，于是好心去教了一下；另一个同事收到的客户文件打不开，她又好心帮忙下载了个软件。于是，大家都开始认为她是个电脑高手，有了电脑方面的问题就叫"陈莉——"

后来，单位的电脑坏了，需要重装系统，老板把她叫去："快快快，给我修一下！"陈莉想，这样下去还了得，装着一脸为难地说："这个，我以前也没做过，不知道怎么弄。"结果，老板立刻说："没事的，我相信你一定能行的！你这么聪明，就算不会，看看说明书也就会了。"

以前，单位里接到不明电话找老板，有的同事随口就报出老板的电话，结果老板被一些推销人员弄得烦不胜烦；有的同事则一概回绝说不知道，结果丢掉了一些潜在的客户或资源。陈莉接到此类电话后，会用技巧过滤一下，把有用的信息转告给老板。时间长了，老板索性吩咐其他同事，遇到这种情况就把陈莉的电话报给对方，就说陈莉是他的秘书！于是，陈莉发现，自己的大部分时间花在了跟这些人周旋上，弄得自己的工作做得断断续续的。

凯威是一家保险公司的业务员。有一天，他和客户约好在一家茶楼里谈业务，他用尽浑身解数给这位客户介绍了业务内容，但是这位客户好像诚意不大，心不在焉地喝着可乐，似乎根本就没有听进去。

凯威知道他是搞电脑硬件销售的，而自己在大学学的就是电脑，他就转移话题，大谈当今电脑硬件在市场上遇到的普遍问题，结果把对方的兴趣提了上来，最后两个人约定下个星期再见面，正式签单。

凯威非常兴奋，到了那天，早早地就准备好了相关的材料，然而这时手机响了，他的主管说有个多年没有联系上的大学同学要来，让凯威帮忙去机场接一下。

凯威觉得这是主管交代的事，自己应该帮忙，于是就答应了。

由于堵车，等他从机场回来，客户早就走了，他痛失了一单千辛万苦才谈下来的保单。

当领导一块一块往你身上加砖时，他并不是不知道砖的分量，但又觉得把工作交给一个老实巴交又不懂拒绝的人最省心。不过可别梦想他日后会关照你，恰恰相反，他要把好处留给那些会哭会闹的人。

每个人的能力不同，所以能承受的工作强度也不尽相同。老板给你指派任务时，你一定要先弄清楚这是不是自己的分内事。不要盲目地接受随时分派下来的指令，否则你只会在一阵手忙脚乱之后，才发现其实你把这份工作做得一团糟。

拒绝上司有多种方式，身在职场的你应该怎样拒绝才能既不伤和气，又能准确地让老板明白你的意思呢？

1. 永远不要当众拒绝

当众拒绝老板的重大弊端有三：一是暴露自己的狂妄自大，不把上司放在眼里；二是容易引起上司的反感；三是会被上司鸡蛋里挑骨头，自己脸上亦无光。

2. 拒绝之前先给上司一顶高帽

可以先赞扬上司是如何通情达理、善解人意，然后才把拒绝说出来。这样，上司心里舒服，又不会驳回你的拒绝。

3. 把你不这么做的原因说出来

首先表明自己对这项工作的重视，表明自己愿意接受的心情，然后再说明自己的遗憾，说明自己为什么不能接受这项工作。比如："我有件紧急工作，必须在这两天赶出来。"充足的理由、诚恳的态度一定能赢得上司的理解。注意，在陈述理由的时候，一定要以公司为主，表现出你的拒绝完全是出于对工作的考虑。

4. 拖延时间

绝对不要在第一时间说 NO，如果这是一件你不愿意做的事，暗中拖延也许是最好的拒绝办法。

5. 一味拒绝并不可取

如果你拒绝的理由冠冕堂皇，而上司又坚持非你不行，这时，你便不能一味地拒绝，否则，上司可能会以为你是在推辞，从而怀疑你的工作干劲和能力，以致失去对你的信任，在以后的工作中，有意无意地使你与机会失之交臂。

运用这些方法，你一定能进一步赢得上司的理解和信任，也会为以后的工作铺一条平坦的大道，因为上司也是和你一样普普通通、有血有肉、有感情的人。你用温和的态度对他，他也会用温和的态度对待你。

纵横职场，你可以说“不”

工作中，互帮互助是应该提倡的，但这种帮助应该建立在自己工作已经完成且不违反公司制度的前提下，不能因为抹不开情面而接受同事不合理的请求。
马上要交方案了，我还没写完，你擅长写方案，把我的一起写了吧。
不行啊，我自己的任务还没完成呢，经理明天就要。不如你今天跟我一起加班吧。
经理，你看我请长假的事……
小李，不是我不通融，根据公司的规定，员工请假最多不能超过7天，所以……
制度是公司每个人都必须遵守的，用制度来拒绝下属的不合理请求，可以减少很多不必要的纠缠和后患。
这次××项目的招标，公司压力很大，你跟咱们竞争对手的设计总监老张很熟，悄悄去把方案给搞过来吧！
汪总，老张是一个很有原则的人，肯定不会把这么重要的设计方案泄露给我。这已经牵涉到侵犯商业秘密了。
设计部
当上司要求你做违法或违背良心的事时，如果你不能坚持自身的价值观，不能坚持一定的原则，那么只会迷失自己，不但会影响工作，还有可能断送自己的前途。